斯波克博士教育羊皮卷

华 业 / 编著

国家行政学院出版社
全国百佳出版社
中央编译出版社
CCTP Central Compilation & Translation Press

图书在版编目（CIP）数据

斯波克博士教育羊皮卷 / 华业编著 . —北京：
国家行政学院出版社，2012.1
ISBN 978-7-5150-0230-9

Ⅰ. ①斯…　Ⅱ. ①华…　Ⅲ. ①家庭教育
Ⅳ. ① G78

中国版本图书馆 CIP 数据核字（2012）第 009016 号

书　　名	斯波克博士教育羊皮卷
作　　者	华　业
责任编辑	沈桂晴
出版发行	国家行政学院出版社　中央编译出版社
电　　话	（010）66122478
编 辑 部	（010）68929356
经　　销	新华书店
印　　刷	天津冠豪恒胜业印刷有限公司
版　　次	2012 年 2 月第 1 版
印　　次	2020 年 5 月第 2 次印刷
开　　本	710mm × 1000mm　1/16 开
印　　张	17
字　　数	240 千字
书　　号	ISBN 978-7-5150-0230-9
定　　价	48.00 元

前言
PREFACE

本杰明·斯波克博士（Dr.Benjamin Spick）是美国20世纪著名的医学家和教育家，她的《斯波克育儿经》一书在美国曾引起一场巨大而持久的轰动，并成为家喻户晓、父母必读的育儿经典，之后，又向世界各国和地区流传开去，产生国际性的影响。

在这部丰厚的著作中，斯波克博士几乎涉及了家庭育儿的方方面面，可谓巨细无遗，细致入微，给关切孩子成长的父母们献上了一笔宝贵的财富。但更重要的是，斯波克博士的教育理念也超越了一般教育类书籍对具体手段的强调。

第一，正如读者将要在本书中看到的，斯波克博士对教育方法极其重视，最为关切的问题就是，成人——无论是父母还是老师应该以何种态度与孩子相处是主动承担责任，还是逃避现实？是温柔地关怀，还是粗暴地使唤？是像对待朋友一般友善，还是像对待奴隶一般野蛮？以及孩子在成长过程会遇到哪些问题，会有怎样的表现，其深层原因是什么，家长应有怎样的心态，采取怎样的措施等。

第二，斯波克博士在拥有极高理论素养的同时，还积累了大量宝贵的经验，从而站到了更高的高度上看待现实问题。而且由于教育方法是来自实践，因此也具有较强的灵活性。在本书中读者就可以发现，斯波克博士并不是立即就给出指导方法，而是首先要家长树立一种信心，相信常识，然后针对具体情况采取措施。值得一提的是，在本书中，斯波克博士既有对孩子的研究，也有对家长的关注，更有对社会环境和文化环境的考察。相信读者跟随作者的思路，就能获得启发，加深对教育方法的理解，对自己的做法进行判断，最终领悟到教育的个中奥秘。

第三，斯波克博士认为，教育问题的核心实际上就是人性。想要培养出一个杰出的人，绝不只是在智能教育方面下工夫（而且如果进行强制性教育，往往还会适得其反），人性的真实和孩子的心理都必须充分重视，否则就只能导致人的发展失衡。在推行素质教育和注重孩子全面发展的今天，这一点尤其值得强调，它甚至关系到整个教育事业的成败。

第四，斯波克博士非常注重与孩子之间的对话。当然，这种对话并非直接对话，而是指对孩子采取一种理解和友善的态度，主动听取他们的声音，发现他们的心理症结，从而针对具体情况提出具体教育方法。这无疑是所有家长都应该学习的，而且实践起来也并不困难，只要我们时刻把孩子视为独立的个体，给予孩子足够的尊重和关爱，乃至与孩子结为好朋友，我们就走上了成功教育之路。相反，如果我们仍然固执己见，不思改良，那结果很可能就是一边为孩子殚精竭虑，一边却与孩子的距离越来越远。

在此向各位家长或即将做家长的人士推荐本书，就是希望帮助家长远离家庭教育的误区，把握科学的教育法则，让孩子愉快而健康地成长。

目录

CONTENTS

第一章

家庭生活的新开始

从建立家庭到拥有一个新生儿，这一过程常使人感到生活的某种根本改变。这一改变既令父母激动，也造成一种紧张。孩子出生之后，父母除了高兴，还会面对接踵而至的烦恼，一些父母因为不得不把时间和精力用于照顾孩子而心生抱怨，但每当他们看着惹人怜爱的孩子健康成长，就又感到无比欣慰。

第一节　家庭生活的新开始

1. 慈爱是最好的方法

孩子即将出世，父母一定激动不已。但初为人父母，缺乏经验，难免会怀疑自己能否把孩子带好。而且有这样的一些准父母，当他们听说孩子特别烦人时，就认为孩子来到这个世上专为折磨大人的。实际上这是一种道听途说。尽管孩子有时的确很麻烦，但他们生来就是通情达理，可亲可爱的小生灵。

事实告诉我们，父母出于本能的爱而给予孩子的关心和照顾，比了解如何为孩子使用尿片等细节更重要。每当你仍然很笨拙地把孩子抱起来，给他换尿布、喂奶，朝他微笑时，孩子就会感觉到自己属于你，你也属于他。对于父母来说，照顾孩子的技能就算很娴熟，也不如这种关爱更能让孩子产生那种感情。

通过对育儿方法越来越深入细致的研究，人们惊讶地发现，父母凭慈爱的本能去照顾孩子，是最好的育儿方法。为人父母者只要顺其自然，自信而从容，就能带好孩子。所以，宁可由于从容而出点差错，也不可因为缺乏信心而试图完全遵照书本知识，生搬硬套。

尽管读书和听讲座对解答一些特殊的问题有所帮助，抚养孩子的方法却并不是通过这两种渠道学来的。基础知识永远是来自于亲身的经验——父母是如何把我们从小带到大的。这是小孩子们在玩“过家家”的时候经常做的事。性情温和的父母带大的孩子，很可能成为一名同样类型的父亲或母亲，严厉的父母带大的孩子则可能成为一名比较严厉的父亲或母亲。尽管多数人都希望在某些方面改变父母的方式，到头来他们仍然会在某种程度上变得像父母一样。对于某些人来说，这是值得高兴的，对于另一些人，则应该引起警觉。为人父母者肯定都会有这样的经历——在和孩子说话时，发现孩子说话的语调和用词都和他们一样。

做了父母之后，你也许会从成人的角度来审视你的父母是怎样抚养你的，并且找出你认为对自己有益处和启发性的东西。也许你暗下决心，绝不用父母对待你的方式去对待你的孩子，那么孩子也就给你带来了一个良机，使你开始认真思考是什么造就了今天的你，并指导你怎样做一名父亲或母亲。这种顿悟，可以帮助你相信你的直觉，使你变得自信起来。到了某一天你就会发现，在抚育孩子的过程中已慢慢学会了如何做父母，比如，你发现自己学会了给孩子喂奶、换尿片、洗澡，甚至给孩子拍背，让他打嗝儿，以便排出孩子胃里的气体。而当你的孩子对于你的照料做出满意的表情时，这些反应又可以增加你的信心和爱心。事实上，这就是你与孩子建立牢固的信任关系的基础。只不过你要提醒自己，方法是必须学习的。

为人父母者显然希望自己对孩子有影响力，但从实际情况来看，父母和孩子其实是互相影响的。父母通过养育孩子和对孩子的观察，使自己增加了对世界和对自身的了解，正像许多人已经发现的那样，为人父母，是自己走向成熟的道路上最重要的一步。

2. 要勇于相信自己的直觉

做父母的如果害怕根据常识来对待孩子，就可能不知所措了。

无论是跟亲友谈论抚养孩子的问题，还是咨询一些“专家”，听取他们的建议，希望能从中吸取最为重要的经验，有时听起来似乎都很复杂，但事实上，这些建议固然有道理，你却不必把这些话太过当真，也不要被专家的话吓着。你要做的最重要的事情就是，相信自己的常识。只要你泰然处之，相信常识，多跟亲友、医生或护士商量，抚养孩子就并非难事。尽管尚无经验，你至少相信你的直觉，当你认为孩子确实饿了的时候，要有勇气给他喂奶。即使你理解错了也没关系，孩子自会以一种方式表示拒绝。你要知道，每个孩子都需要温柔的爱心，需要他人的微笑、话语，以及陪伴——就像每个人需要营养和热量一样。也正是这些把孩子塑造成一个热爱生活的人。如果孩子在小时候得不到这种爱，他长大以后也许就会成为一个冷漠无情的人。

只要孩子的要求合理，你就不会因此而成为孩子的奴隶，也不必顾忌满足他们。在最初几个星期里，孩子的哭泣是因为某种原因使他感到不舒服：也许是饿了、渴了，也许是感到累了、困了，也许是感到害怕。听到他哭的时候，你会感到不安，因此想去安慰他。这是善良本性驱使你做出的一种反应。这时你也许会猜想，孩子可能需要抱一抱，摇晃摇晃，或者抱着走一走。

理性地善待孩子不会把孩子惯坏。所谓坏毛病都是慢慢养成的。做父母的如果害怕根据常识来对待孩子，或者父母确实愿意成为孩子的奴隶，有求必应，孩子就会真正被宠坏。

每个家长都希望孩子养成好习惯，融入集体生活。事实上孩子自己也想这样，想按正常时间吃饭，想学会餐桌上的礼节。尽管他们有时排便有规律，有时不规律，但他们都是根据自己的身体需要来进行的。当孩子稍大些，开始懂事以后，父母就可以告诉孩子应该在什么地方排便了。而孩子也将根据自己的需要养成一种睡眠习惯，用不着大人给予太多的指导，并一步一步地改变自己，使自己的所有习惯和家人的达到协调一致。

另外，孩子的行为问题也是每个父母都十分重视的。由于许多父母急于把上一辈人给予的优秀品质传给孩子，这种重视在培养孩子的过程中便发挥了积极的作用。我们都是在无意识地做着这些事情，而根本用不着专门去想，因为我们在童年时期就已经形成了完美的理想。如果不是这样，培养孩子的过程就会遇到极大的困难。

在过去的半个世纪里，教育家、精神分析师、儿童精神病专家、儿科医生等对儿童心理进行的大量研究发现，与对其他东西的需要相比，儿童更需要父母的爱；为了更成熟和更富有责任感，儿童完全依靠自己在努力学习；总是遇到麻烦的儿童所需要的是爱而不是惩罚；如果引导儿童的方法适合他们的年龄，如果他们的老师理解他们，儿童就会更乐于学习；儿童对生活中的一些事情和对性爱的某方面产生天真的兴趣也是正常的；过分粗暴地压制儿童的好胜心理以及他们对性的兴趣可能会导致儿童犯精神病；无意识的想法和有意识的想法一样，也会对儿童产生影响；每个儿童都是一个独立的个体，大人应该允许它的存在。

有很多家长都乐于接受这些观点，但一到他们管教孩子的时候，他们就可能仍然采取他们小时候被管教的方式。他们的这些方法，如同在他们身上很成功一样，用在他们的孩子身上也很成功。若是发现有问题，或意识到自身发展的某种缺憾，就应对自己过去受教育的方式提出疑问，并做出客观的评价，从而对自己的教育方式进行相应的调整。

3. 夫妻和谐是孩子的榜样

有了孩子之后，父母的确需要作出一定的牺牲，他们将不得不放弃原来的自由和乐趣。比如为了使住房面积满足孩子的需要而付出昂贵的房租或者押金；比如不是因为孩子很快就把鞋穿坏，要么就是因为鞋子不合脚了，父母又要花钱买鞋等；比如由于要照看孩子而无法参加宴会，既不能随意旅行，也看不成电影，甚至无法跟朋友聚聚——自己想干什么就干什么的日子已经一去不复返了。许多年轻人在即将成为父母时通常会这么想。

养育孩子的过程无疑也是需要大量艰辛的工作：准备合适的饮食、洗衣服、换尿布、清理屎尿，和孩子一起做游戏、逛动物园，为孩子讲故事，在孩子做作业时随叫随到地给予帮助，在忙着其他事情的时候，要随时放下手中的活儿来满足孩子急不可待的求助……但为人父母者必须——而且原则上也只能这么做。实际上，某些初为人父母者已经把心思完全投入其中，忘记了自己的爱好和兴趣。即使他们偶尔偷空出去轻松一下，一种愧疚感也使他们难以尽兴。他们开始令朋友感到厌烦，朋友们也使他们感到不快。久而久之，他们就会厌倦抚养孩子时的“囚徒生活”，并开始下意识地抱怨起来。

那么问题在哪里呢？如果我们去回想父母是怎样照顾小时候的自己时就可以发现，我们是完全没有必要把心思全部都放在孩子身上的。保持夫妻间的亲密关系也是一个重要方面！在时间上和精力上为孩子做出了必要的牺牲以后，夫妻双方应该挤出一些时间与对方共享。哪怕只是相互看上一眼，相互笑一笑，只要能够表达一种爱慕之情，让亲密关系保持稳固，就能给孩子带来最有效的榜样，让孩子学会如何同他人保持亲密关系。所以为孩子做得最有价值的事情之一就是，不断加深家庭的和谐关系在孩子脑子里的印象。

4. 怎样协调工作与照看孩子

不管做父亲的工作多繁忙，都没有理由不与当母亲的一起照看好孩子，为孩子做出平等的贡献。但如果丈夫做这些工作只是为了讨妻子的欢心，它的实际意义就会失去，因为这意味着带孩子仿佛只是丈夫的慷慨大方。

从实际情况来看，越来越多的男性所娶的妻子有全日制的固定工作。在情况最好的家庭里，丈夫能在平等参与的精神作用下，参与对孩子的养育工作。但即使当母亲的没有工作或辞了职以便待在家里照看孩子，有全日制工作的父亲在周末能承担起料理孩子的大部分工作，也将是对孩子、妻子及对自己的一种善待。值得一提的是，有些当母亲的不太愿意让做父亲的承担起照看孩子的主要职责，或许是因为心存疑虑——如果自己不能成为养育孩子的权威者，那么她们在家庭中还能发挥什么作用呢？实际上孩子从父亲和母亲的不同领导风格和管理风格中能得到不同的益处，而这些风格既不排斥，也不诋毁，而是相互补充的。

在照料孩子方面，当父亲的完全可以用奶瓶给孩子喂奶，替孩子换尿片，换衣服，擦眼泪，擤鼻涕，洗澡，讲故事，哄孩子睡觉等。如果做父亲的没有参与照看孩子所需要付出的灵巧劳动，就会缺乏照看孩子的技巧。同样，做父亲的也可以参与做各种家务。如果一位父亲认为做家务是自己理所当然的事，那么他就不会仅仅为了减轻妻子负担或为了陪伴妻子才去做家务，而会认为这项工作对家庭至关重要；他在家时应和妻子负有同样的责任。如果想让你的孩子长大后也这样看待妇女和男子，那就需要让孩子看到你们的实际行动。

在20世纪的美国，薪水和威信统领着人们的价值取向，也正是这种取向把人们引入歧途——过分的竞争，过分的实用主义，轻视家庭内部的关系，轻视友谊，轻视邻里关系，轻视自己的喜好……作为全日制户外工作的父母，如果一心只想在工作上取得更大的成绩，就常常会给家庭生活带来无法忍受的压力。如果父母都把户外工作看成生活中的主要职责，孩子就很难得到生活中最多、最长久的来自家庭的幸福。相反，如果父母能把照料孩子的事情与他们的工作平等看待，在决定做一件事情时仔细权衡一下是否会给家庭带来影响，这样的家庭便获得了幸福的保障！

事实上在许多家庭当中，当孩子长大成人离开了家以后，没有一个当父母的说他后悔当初在孩子和家务上花的时间太多，反而是有许多父母，由于在有机会的时候没有挤出时间去陪伴家人而后悔莫及。

5. 优质时间与特定时间

当父母有固定的工作时，必须尽量安排好时间，以便能够有最多的时间陪在孩子左右。但相对时间长短来说，陪伴的质量更为重要。这就是“优质时间”（Quality time）的含义。具体而言，“优质时间”是指父母对孩子的教育和关爱所付出的时间。这种优质时间并不是指做非凡的事情，无论是在骑车、开车、吃饭或做其他任何事情的时候，都可以成为优质时间。哪怕是去商场购物的路上，也可以教孩子知识。我们应该记住的是，能对孩子的成长产生深远影响的，不是像去参加什么家庭电视节目这种激动人心的事，而是每天和孩子的接触。

但有两个可能出现的问题不能不说，第一个问题：对于那些做事认真而苛刻的父母来说，他们可能会在自己的耐心和兴趣都消失之后，仍然把和孩子交谈、玩耍、讲故事等当做义务来完成。如果为了给孩子提供优质时间而忽视了自己的需要，久而久之就可能导致抱怨，那种一贯的友好、有求必应的精神就会慢慢消失。另外，如果孩子发现自己可以向父母要求更多的时间，可能会更加放肆和苛求。

第二个问题是：有些父母可能会错误地把“优质时间”理解为只要他们和孩子在一起的每一分钟都是高质量的，时间长短就无关紧要了。实际上，足够长的时间一如和孩子一起做一些并不令人兴奋的事情一样重要，因为孩子有时只是想和父母在一起，看父母做事，学习他们每天的样子，了解父母在自己生活中的位置。

要解决这两个问题，关键点显然是在于找到一种均衡——既要尽量多地陪伴孩子，又不能以自我牺牲为代价。

如果你仍然有些不知所措的话，“特定时间”（Special time）也许可以帮助你找到每天都能有优质时间的好办法。特定时间指的是父母每天留出来单独和孩子度过的一小段时间，一般来说，这段时间只需5～15分钟。这一“特定时间”中虽有“特定”这一限定词，但它并不是指需要你专门和孩子一起做什么，如一起猜字谜，逛商场，或者聊天，而是指当孩子需要你特殊关照的时候，你应该和孩子一起享受。在孩子需要这种特殊关照的时候，父母不应不理睬孩子以示惩罚，而应该给予孩子特定的关照——那是你的孩子，你所深深爱着的孩子。如果你因为工作繁忙而不能每天都和孩子在一起，“特定时间”就能体现你对孩子的特别关注。

6. 如果不得不托人照看孩子

如果父母双方都不能在家里照看孩子，一定要为他安排一位他特别熟悉的人来照料他，朋友、亲戚或保姆都可以。如果打算把孩子放在别人家，最重要的是要先花一到两周的时间，让他逐渐地熟悉这位陌生人和这个陌生的地点。要先让这位陌生人和孩子待上几天，并且先不要让他去照料孩子。要等到孩子对他产生信任并且喜欢上他（她）以后，再让这位看护人逐渐地接手照看孩子的工作。

第二节 孩子的内心需要

1. 爱是父母最好的礼物

年幼时孩子需要父母的领导、爱护和保护。他们也总是本能地观察，乃至模仿父母。他们的个性、品行、信念和处事能力都是这样学来的。在孩提时期，他们就通过模仿自己的父母，学习如何当一名成熟的公民、配偶或者父母。

父母与孩子之间最珍贵的就是爱，它是孩子希望从父母那里得到的最好的礼物。父母表达爱的方式很多：做一个爱的表情、出自内心地抱一抱或摸一摸，为孩子取得的成就而高兴，保护孩子的安全、孩子受到伤害或者感到害怕时给予安慰，培养孩子树立远大理想等。

正是因为父母对孩子的爱，才换来了孩子对父母的爱。孩子也正是从爱父母开始，逐步建立起生活中的所有关系，即和朋友、老师、配偶、子女、邻里和同事的关系。父母的爱应该表现为尊重，这样就使孩子获得了自信。在以后的生活中，这种自信有助于他们对自己感到放心，并且在各种人面前都感到无拘无束。来自父母的尊重教育了他们，使他们也用尊重来回报父母。

2. 父母做出的努力要适度

孩子出世之后，不管是男孩还是女孩，都希望父母陪伴在身边，和他们一起做事情，做游戏，以此获得满足。然而对于大多数父母来说，繁忙了一天之后回到家，最想做的事就是放松。可能有许多家长一回家就直接躺到了沙发或床上，至于孩子，只需知道他确实在家，并且似乎在忙着什么事情就行了。要是孩子这时兴冲冲地跑到身边，需要父母的抚摸和关注，那么父母这时是不耐烦，还是立刻从床上坐起来陪孩子去玩耍呢?

为人父母者都是理性的，并且疼爱自己的孩子，所以如果他们意识到一种友好的态度对孩子的重要性，他们就应该是更乐意做出努力，比如向孩子问声好，回答孩子的问题，或者当孩子认为什么东西很有趣并希望父母分享时，能表现出兴趣来。但在“努力”的前面应该加上“适当”一词，因为父母也不必对孩子过于认真，不必强行克制自己的忍耐而去勉强做出回应。

3. 孩子希望跟父母在一起

孩子出生后，一般是由一两个人照看。从几个月的时候开始，婴儿就开始喜欢上了照看者的保护。一个只有6个月的婴儿，如果一直照顾他的父母不见了，就会变得很忧郁，不爱吃东西。如果一个定时帮助父母照顾他的人离开了，孩子也会表现得心情忧郁，只不过不像父母离开时那么严重罢了。

刚开始的时候，父母不要一下子全天离开孩子。要先离开半个小时，然后再逐步延长时间，因为家长马上再次出现会使孩子感到放心，感觉到父母总是很快就能回来。另外，不要在刚搬家之后，或者在已经有一人外出的时候一下子离开孩子1个月之久。

如果一个孩子被从一个养育他的家庭送到另一个家庭，然后又被送到另一个家庭，几次以后他就会失去深爱和深信别人的信心，似乎一次又一次的失望令他痛苦万分。所以在最初的两三年里，父母应继续照顾孩子。

在某些父母，尤其是在某些父亲的眼里，一种急切希望孩子尽善尽美的愿望流露出来，并且伴随在与孩子的整个交往中，但这种望子成龙的愿望往往就导致了他们和孩子在一起的时候并不开心。比如一位急于让儿子成为运动员的父亲，可能在儿子年幼时就带他去练习打球。儿子因为年幼，每次投球、接球自然难以准确地掌握要领。这时，父亲哪怕是以一种友好的口气批评，儿子往往也会感到不高兴，而且还会使他产生一种印象，认为自己在父亲的眼里什么都不是，从而也会认为自己是个笨蛋，导致自弃心理。

实际上，如果一个男孩子的性格开朗并且自信，到了一定的年龄就会自然地对体育产生兴趣。另外，父亲和母亲对他的肯定，比对他的辅导重要得多。如果儿子想玩接球，而且纯粹是为了乐趣，那么玩一玩也还是很有意义的。

不管是男孩还是女孩，他们也同样需要和母亲在一起。但每天翻来覆去地重复老花样是远远不够的，他们还需要有机会同母亲一起进行一些有趣的活动，例如放风筝、划船、参观博物馆、逛动物园、看电影或旅行等。

4. 不必因内疚而有求必应

每天在外工作的父母因为没有多的时间跟孩子在一起，或者很少和孩子见面，可能会心生内疚。为了补偿这种负疚感，有的父母往往就给孩子买来大量的礼物，给孩子各种特殊的对待，以满足孩子的所有愿望，就算孩子胡闹、弄坏东西、做坏事也不管。

然而，当孩子发现自己的父母对自己有求必应、无所约束的时候，不仅不会感到满足，反而会变得贪婪起来。由此可见，虽然有工作的父母应该尽量满足孩子的要求，并且向孩子献出爱心，但是，在他们感到疲劳的时候也完全可以不这样做。父母们完全可以考虑自己的愿望，不必每天都给孩子买礼物，坚持理性花销的原则。另外，还应让孩子懂得家庭内部的礼节和对父母的关心。在心理上，作为父母应该努力树立一种信心，就像每天都待在家里的父母那样自信。这样做不仅能使孩子更懂事，也能让孩子喜欢跟你在一起。

5. 孩子需要大人的肯定

就像孩子的长相各不相同一样，他们的成长也各不相同。有的孩子在力量和肌肉方面发育较快，很早就能坐起、站立和走路，但在说话方面，或者用手做一些需要技巧的事情方面却发育很慢；有的孩子很早就能翻身、坐和爬动，然而却很晚才学会走路；有的孩子身体的敏捷性发育很早，但却很晚才出牙，而出牙很早的婴儿不一定在身体的敏捷方面发育得更早；有的孩子小时候很晚还不会说话，以至于家长曾担心他的大脑有问题，可上学之后成绩却很好；有的孩子智力很一般，但是很早就学会了说话；有的孩子生下来就敦实健壮，而有的孩子则小巧玲珑。有的似乎生来就是胖子，如果由于生病而体重下降，身体康复后就会迅速复原；有的孩子则恰恰相反，即使他们吃的是高营养食品，即使他们的人生很顺利，他们的体重还是瘦弱单薄……

之所以选出这些例子，是希望让父母知道每个孩子在成长中的个性差别。不管孩子是男是女，不管孩子长什么样，也不管孩子喜欢做什么，父母都应该去爱他，而不应该总想着他的不足之处。

这样做自然有一定的针对性：每个家长都会面对一个非常重要的现实问题——即使孩子或其貌不扬，或笨拙，或迟钝，如果能得到大人的欣赏，他就能在长大后感到自信和幸福，就能具有一种精神去充分调动自我，善于抓住机遇。如果一个孩子从未得到大人的赞同，就会感觉自己总是不对。这样一来，孩子就会越来越缺乏信心，从而抑制了智慧、技能和魅力的充分利用。

6. 没有任何理由逃避责任

勇于承担教育孩子的责任，并自如地参与对孩子的教育，就能使孩子避免因找不到依靠而感到沮丧。如果父母中的一方把教育孩子的责任推向另一方，就不能得到孩子的友爱。

有不少家长尽管经常和孩子一起娱乐，但却把大部分教育工作留给自己的配偶去完成，逃避引导和约束孩子的责任。

一些不参与教育孩子的丈夫在妻子责备时解释说，他们不想让孩子像他们恨自己的父亲一样恨他们。相反，他们想成为孩子的朋友。拥有一位友好而且能同自己一起玩耍的父母对孩子当然是有好处的。但孩子也希望自己的父母在行为上也像个父母的样子，因为在他们的一生中，虽然将拥有很多朋友，父母则只有一对。

如果父母心软或不愿引导孩子，孩子就会找不到依靠而沮丧。如果父母不自信或者态度不坚决，孩子就会变得麻烦，直到把父母激怒到要惩罚他为止，但之后父母又会感到羞愧并再次退却。

由于丈夫躲避教育孩子的责任，使任务落在了妻子的肩上。那么在多数时候，孩子的父亲一般都难以如愿以偿地得到孩子的友爱。孩子明白，当他一再调皮的时候，大人是会生气的。可当他们做错了事时，父亲却总是假装没看见，因此，当他和父亲相处时就会觉得很不自然，甚至害怕这样的父亲。

不过也有这样一类父亲，孩子能与之很好相处。这类父亲能自如地参与对孩子的管教，被激怒的时候也会表现出生气，从而使孩子有机会知道父亲为什么生气，以及自己如何去对付。当他们发现自己能够应付父亲的时候，就会获得一种自信，就像他们克服了恐惧学会了游泳、骑车等所获得的信心一样。反之，与那些总是躲避对孩子的管教并且掩饰自己不快的父亲在一起，儿童就会认为父亲在压制着自己的怒气，从而使孩子感到更多的恐惧。

第二章
新生儿篇

新生儿是指从出生到满月的阶段。在这一阶段，孩子经历了复杂而神秘的成长过程，每个孩子的早期发育模式也都具有一定的独特性，而早期经历可以改变孩子大脑的结构。父母有必要记住，丰富多彩和自发参与的经历，有利于新生儿的大脑神经细胞之间的复杂联系。

第一节　奇妙的成长

1. 人类进化过程的微观再现

几乎没有什么能比看着孩子成长更使人感到惊奇的了。父母一开始或许认为孩子只不过是身体在慢慢长大罢了，而当幼儿开始做事的时候，父母可能会认为孩子是在学玩什么小把戏，但事实要比父母的想法复杂、深奥得多。

可以说，不管从身体还是从心灵上看，孩子的成长都是在再现人类的进化过程。婴儿一开始在子宫里只是一个微小的细胞，就像第一个生物在海洋中出现时一样。几个星期以后，他们蜷在温暖的羊水里，像鱼儿一样长出了腮，像两栖动物一样长出了尾巴。当他们快到1岁时就能站起来。这时，他们就仿佛是在庆祝数百万年前人类的祖先不再用四肢行走，并且学会灵巧地使用双手的那一刻。

在某种意义上说，人的发育是一个简单明了的有着特定规律的过程。这些规律通过一般常识就可以理解。与此同时，这种发育过程又是世界上最复杂、神秘的演变。

当孩子急匆匆地来到这个世界上时，父母既为孩子感到骄傲，也为自己生育了他而感到自豪。但如果有迹象表明孩子的发育速度不如原来快，作为父母或许就会着急起来——既担心又内疚，并怀疑是自己照顾得不够所致呢，还是因为给孩子的遗传因子不好？或是因为过去的某件事对孩子造成了坏的影响？

这种担心和怀疑是可以理解的，因为父母爱着孩子，但同时不要忘了每个孩子的早期发育模式都是很独特的：孩子个人先天条件所发挥的作用远远大于父母带来的影响。这样说的前提是，孩子有一个受教育和受鼓励的环境。孩子不过是在按照自己的正常速度发育和成长。尽管儿童发育进程表说明，说明的是普遍规律，每个儿童的发育有个体差异。父母要做的就是，不忘找时间向医生请教，除此之外，无论孩子发育偏早还是偏迟，都应为孩子的每个发育阶段感到高兴。孩子发育正常固然是一件好事，但即使出现一点儿偏差，也不应该过分紧张。

2. 早期经历对大脑结构的决定性

过去许多科学家以为人类大脑的结构是由孩子的遗传模式决定的，无论遗传因子让大脑怎样发育，它都将按既定模式形成。但实际情况要复杂得多。

首先，人的大脑由大约一千亿个神经细胞组成，而每个神经细胞都与大约一万个其他细胞相连。每一个细胞每秒钟能向相邻的细胞发送一百个信息！

其次，大脑神经细胞之间的这些联系在很大程度上是由幼儿在生活中的经历所决定的。研究发现，早期经历确实会改变孩子大脑的结构，尤其是在孩子3岁之前大脑正处于发育期，而大脑神经细胞交流信息迅速的时候。后来，大约在孩子童年的中期，大脑就停止了发育和新的信息交流。这时，大脑的结构就已牢固地形成。虽然这并不意味着大脑的发育过程已完全停止，但它证明了大脑的复杂性和丰富性已基本定型。到了这个时期，我们只能将就着使用现有的大脑，因为大脑的关键发育期已经结束。

从以上认识出发，我们不难知道，丰富多彩和自发参与的经历，有利于加强大脑神经细胞之间的复杂联系。尽管被迫的经历也能在一定程度上促进大脑神经细胞的相互联系，但它却是一种我们不希望看到的联系，比如恐惧感同某种声音或某种气味联系了起来。这是由于当时缺乏兴奋的刺激，从而导致大脑神经元网络构造简单和大脑神经细胞之间的联系减少。

通过观察实践我们发现，在一个充满忧虑和紧张气氛的家庭里长大的孩子，似乎缺少处理感情问题的方法，而且容易被情感控制。这种原因在一定程度上解释了为什么在充满关心和爱护的家庭中长大的孩子，在生活的各个方面似乎都能做得比不受重视的孩子要好。

由此也可以认识到早期经历在孩子漫长的成长过程中的重要意义。这也给我们带来了提示，即从小培养孩子的工作和生活能力，对孩子、家庭乃至整个社会，都是十分重要的。

3. 五种感官功能的状况

感觉器官是在成长中逐渐发育成熟的，最开始的新生儿在某些方面并非如我们想象的那么完善。作为父母，则有必要对新生儿的五种感觉功能进行观察和检测，以帮助早期智力的开发。

人的五官——眼、耳、鼻、舌、唇，是人的五种感觉功能，即视觉、听觉、嗅觉、味觉和触觉的直接反映器官，新生儿期，其五种感觉功能通常有如下表现。

（1）触觉

触觉泛指冷热、痛痒等一般感觉。新生儿的触觉功能比较敏感，最早出现的是皮肤感觉。新生儿触觉比较发达，最敏感的部位是嘴唇、手掌、脚掌、前额和眼睑。例如，当乳头或奶瓶嘴接触孩子嘴唇时，能立即引起口部动作（吸吮乳头或奶嘴）。孩子的温度感觉和痛觉也很敏锐，出生后，就对外界较冷的环境有不安的反应。身体的任何部位受到痛刺激，都会引起全身性或局部性反应。当新生儿哭闹时，家长用手放在新生儿腹部，或将新生儿抱起，或母亲用乳头接触新生儿口唇，都可使新生儿很快平静下来。新生儿的冷热和痛痒感觉相对不太敏感，因此，新生儿易着凉、受热，或发生轻度皮肤损伤。

（2）视觉

新生儿的视力较差，只能看较大的物体。他们喜欢类似人脸的图形。当新生儿注视的目标移动时，新生儿的眼和头会追随目标移动。新生儿有一定的辨色能力，喜欢彩色图案。新生儿集中的视觉，大约发生在出生后第二三周。这时，小儿可以短时间地注意燃烧着的火柴。满月左右，小儿开始能随着发光物体的移动而移动自己的目光，最远能看到1.5米处的物体。第3个月起，可以较长时间地注目亲近的人的脸，成人如果用布遮掩，忽隐忽现自己的脸，可以逗得婴儿发笑，这时最远可以看到7米处的物体。第4个月起，可以区别颜色，特别是红色物体，最容易引起婴儿的兴奋。约从五六个月起，婴儿可以注视远距离的物体，如天上的飞机、月亮，大街上的行人、汽车等。

（3）听觉

新生儿出生24～48小时后即有敏锐的听觉能力。在睁眼状态下，新生儿听到很轻的声音时，眼睛和头会向声源方向转去。如果新生儿正在睡眠，稍微大些的响声即可引起其惊跳反应，即头颈部肌肉抽动一下。倘若声响过大，新生儿就会惊醒，哭闹。

新生儿明显的听觉，发生在出生后第二三周。2~3个月时，能够安静地倾听周围的音乐声和成人的说话声。3~4个月时，听到某个声音，可以将头部或视线转向声源的方向。听到轻快、柔和的音乐，表示出愉快，而对强烈的噪音表示出不快。在自然条件下，到第5个月，能辨别母亲的声音。

（4）嗅觉

新生儿出生后的1周之内嗅觉不灵敏，一周以后嗅觉功能明显增强，可以区别母乳气味与其他母亲的乳汁气味，还可区别母乳和牛乳及乳制品的气味。新生儿只需通过嗅觉即可决定接受或拒绝所吃的母乳和其他代乳品。

（5）味觉

新生儿出生24小时之后开始有味觉功能。他们往往只接受无味或甜味乳汁，对其他酸、咸、苦等味道均以哭闹拒绝。新生儿出生半个月之后喜欢喝高浓度的糖溶液，对白开水则不感兴趣。吃母乳的新生儿对甜的溶液也不太感兴趣，有时对菜汁或果汁感兴趣。

从第1个月末至第2个月初，新生儿开始形成由香味引起的条件反射，或是由甜味引起的条件反射。从第4个月起，他们能够比较准确而精细地区分酸、甜、苦等不同味道。例如区分白水、橘子水和白糖水。所以，一般来说，在新生儿时期，由母乳换牛奶，或由牛奶换母乳，不会引起孩子的拒绝。大一些后，就不行。当孩子吃惯母乳后，突然改换牛奶，孩子就不爱吃或者干脆不吃。

对新生儿五种感觉功能的观察和检测有利于其早期智力的开发。如果发现新生儿感觉异常，往往说明其存在神经系统方面的损伤或疾病。

4. 身体动作的发育成长

虽然与动物相比，人类没有先天的协调性，但随着新生儿身体的发育和多次的练习，动作会逐渐发展。

不要以为孩子只会睡、哭和吃，其实孩子从一出生就很能干，就具有各种各样极为优异的本领，而且有情感和人格，已经具备了接受教育的能力。儿童身体动作的发育成长也有一定的规律性。新生儿刚出生时只能四肢活动，将近1岁时便学会了走路。虽然与动物相比，人类没有先天的协调性，但随着新生儿身体的发育和多次的练习，动作逐渐发展。

婴儿动作的发育是由上而下进行的，先抬头，接下来是两手取物，然后是稳坐，直到可以站立，并独立行走。

正面的动作先于反面的动作，例如先学会手抓东西，以后才会放下手中的东西；先会从座位扶着栏杆站立起来，以后才会从站立位置坐下来；先学会向前走，以后才会倒退走。

手的动作发育是由近到远，离躯干近的肌肉动作先发育，然后才有肢体远端的肌肉活动，如先能抬肩，然后再用手指取物。动作是逐渐由不协调到协调。父母要做的，就是充满耐心，让孩子依循正常的规律取得进步。要知道，孩子是充满主动性的生命。

动作发育有一定的规律和顺序，父母在训练孩子动作发育时应按部就班，让孩子掌握一个动作后开始训练下一个动作，而且前一个动作往往为下一个动作打下了基础。

5. 孩子对母亲的依恋

从孩子一出生，父母就应该把他当做一个完整的人，一个有思维、有人格的人来对待，如果认为孩子除了吃、睡、哭外，什么也不懂，那么在育儿方法上就犯了错误。孩子作为家庭中的一员，对待周围环境和周围的人物会有不同的反应能力。这些能力是随着年龄的增长而逐步发育成熟的。

情感和情绪是以人的需要和主观态度为媒介的心理活动，是人对一些客观事物的一种反应。情绪是一种比较短暂的状态，而情感则比较稳定和持续。新生儿也有情感反应能力。出生后很早他们就会表现出情绪反应，如吃饱了，孩子就会很安静；饥饿或尿湿后就表现出不安或哭闹等。

在孩子的情感反应中，对母亲的依恋是很突出的。母亲与孩子的密切接触，会使孩子感到安慰、舒适和愉快。不仅如此，母亲与新生儿之间的情感对孩子性格的形成、智力的发育都有很大的影响，孩子对母亲有信任、安全的感觉，长大后就会对人有信任感，对自己有信心，并获得良好的人际关系。如果不注意母子之间的感情交流，孩子就会出现不善与人相处、孤独、少言寡语等问题。

新生儿出生后2周就能区分说话声和其他声音。他们很喜欢听有节律的钟声，喜欢让妈妈抱着吃奶。但有人大喊或斥责的时候，孩子也会表现出不安，当听到温和的声音时则微笑。

6. 新生儿的不同个性特点

新生儿的个性会表现得越来越明显，有的孩子爱哭闹，稍觉饥饿或不适就会大声嚎哭，或吐奶，有的孩子则生性“老实”，既不哭闹，吃奶时也很规矩。家长要做的就是注意观察孩子的表情，了解孩子的需要。

（1）哭泣

新生儿的个性一开始就有爱哭和不爱哭的区别。爱哭的孩子稍有点饿或听见声音，以及尿片湿了时都要哭，哭声又粗又大。与此相反，有的新生儿则几乎不哭。

（2）吃奶

给不安分的新生儿喂母乳，当吃了5～7分钟后，饥饿感一消失孩子就不再吃奶。这时如果硬把奶头塞进他嘴里，他就会像生气似地把吃进去的奶全部吐出来。待过了10分钟后，他又会因肚子饿了而啼哭，只有再吃5～6分钟的奶才能睡去。但有时他也会在吃完第1次奶后一直睡4个小时，对这样的新生儿就不能按时间有规律地授乳。有时1天要喂12～13次，特别是当母乳的分泌不很好时，新生儿的个性和母亲的焦躁相结合，就会使婴儿的生活变成仅仅是为了吃奶。

由于很多母亲坚持不下去，因而就对母乳喂养失去了信心。换喂牛奶后虽稍有好转，新生儿仍然不很安静。当奶瓶里的牛奶流通不好时，新生儿就会生气地哭起来，把奶嘴也吐出来，干脆不吃了。当母亲正庆幸好不容易才算喂完奶时，刚过了20分钟，他又把奶全部吐出来，这样的新生儿之中男婴占多数。由于每次吐出的奶量不同，饥饿的时间也就不同。这种新生儿到下一次哭叫要吃奶的时间有时只有1个半小时，有时也有2个小时，喂奶时间没有规律。这种情况不是吃药所能治好的，而是随着新生儿月龄的增长会自然好转的。

有的孩子吃了3～4分钟奶就累了，不想吃，当把乳头在他嘴里动一动又开始吃了，可是吃了2～3分钟后就又不吃了。这样，新生儿吃完一侧奶要花20分钟以上。与此相反，有的新生儿不用10分钟就能咕嘟咕嘟地吃完母亲的一侧奶，接着又去吃另一侧奶，并且吃着吃着就含着乳头睡着了。但在出生后的第一周里，即使是同一个婴儿，其吃奶方式也不是固定不变的。一般是每天吃7～8次，也有吃5次的。既有爱吃的时候，也有不太爱吃的时候。也不是每次都吃一样多。有的新生儿在吃完奶后往往把多吃的部分吐出来，也有一点也不吐的。在经常吐奶的新生儿中，男婴居多。到了这个时期有的婴儿每次都像喷水似地吐奶，体重也不见增加。这种现象不是病，而是新生儿个性在这个时期里的表现，不必担心。

在美国的医院里实行一种在新生儿出生以后立即让其俯伏的方法，这种方法由于在产院里要将新生儿集中到新生儿室，从便于监护的角度或许是合适的，由于新生儿生下来以后常常会吐奶，让新生儿俯伏头部侧卧，即使吐奶，也不会发生吞进气管里的危险。不过，在家庭里让新生儿俯伏是否合适，尚有疑问。

（3）睡眠

当孩子出生半个月之后，个体差异通常会表现得更加明显。有的婴儿非常老实，睡眠时间也很长，肚子不十分饿就不会醒，当肚子饿了就会咕噜咕噜地吃奶。若是吃母乳就会把两侧的母乳全部吃空，若是喝牛奶也能轻松地吃掉120毫升。吃完就要小便，当给他换尿布时就会显得很高兴，然后又不知不觉地睡着。在夜里大约2点和5点钟的时候会醒1次，当换完尿布喂了奶后，又会马上睡着。

像这种“个性”老实的新生儿是很少的，一般的新生儿都不会这样安静。对外界的刺激很敏感，有的新生儿往往会闹得厉害，会成为爱哭的新生儿，有一点声音马上就醒了。醒来后如果尿布湿了就大声哭泣，表现出不高兴。即使换了尿布，如果肚子饿了也会哭个不停。

（4）食欲

喂母乳的新生儿不容易看出来，但只喝牛奶的新生儿由于每次喂奶的奶量很清楚，母亲是能够知道新生儿的食欲的。当新生儿吃得很多时，母亲并不担心，反而高兴。这是因为母亲认为新生儿的食欲好身体就健康。母亲担心的，往往是食量小的新生儿。

当看到食量小的新生儿体重达不到标准时，也不必着急，食欲过于旺盛未必是好事，刚满1个月的新生儿若每次吃180毫升奶就是吃多了。

（5）排泄

排泄的个体差异在这个时期里也很明显。不管小便次数怎样多，都被尿布吸收了，不易察觉。大便由于用肉眼就可以看见，当次数多时，对于有点像痢疾的大便就应该引起注意。这个时期，在排泄上的另一个个体差异是以便秘的形式表现出来的。

（6）观察

在出生后半个月中就表现出来的种种个体差异性，到1个月时就会定型。对于父母来说，最重要的是记住新生儿高兴时的脸色。无论大便次数怎样多，怎样吐奶，以及体重的增加是如何不能令人满意，只要新生儿表现出令人愉快的脸色就不要紧。事实上，从一生下来就熟悉新生儿脸色的母亲，往往要比只了解新生儿五六成情况的医生更能弄清新生儿的健康情况。

第二节　智能教育

1. 密切观察孩子的智能发育

每个孩子的发育模式都很独特，因此我们不应该生硬地按照儿童的发育表来进行，而是注意观察，同时给予孩子一个自然发展的环境，不能强行加快孩子的发展。

心理学家通常把儿童的发育分成智力发育和机能发育。智力发育包括认知发育（即怎样理解事物和认识事物）、感情发育和语言发育。机能发育通常被分成粗放机能发育（诸如学会坐起，走路和攀登）和纤巧机能发育（如拾起细小的物件或者拿蜡笔等）。

儿童在这几个方面的发育是发育的不同侧面。科学家们曾对成千上万名孩子进行了研究，以便弄清孩子一般从什么时候开始走路和说话，到现在已经有了儿童发育进程表可供查对，但这里仍然有需要说明的地方。

首先，每个孩子的发育模式都很独特。有的可能在力量上和协调机能方面发育较快，但在使用手指做技巧性的动作和说话方面可能发展较慢；后来在学习方面很聪明的孩子可能在幼儿时期很晚才学会说话，而长大后智力一般的孩子，在幼儿时期却可能发育较快。如果我们完全按照一般儿童的发育时段来衡量孩子的发育情况，便是有问题的，至少我们不应该生硬地按照儿童的发育表来进行，而是注意观察。

其次，要以孩子是否在不断进步作为最终标准。而且经验告诉我们，孩子的发育呈现一种时快时慢的模式，常常在一个飞跃之前还会出现小小的倒退。当幼儿出现退步的时候父母不必担心，也不必试图加快他们的发育速度。没有任何证据表明，父母提前教孩子走路、说话或者识字，能收到真正的长远效果。这样做往往不但会造成孩子的发育出现问题，而且还会使父母感到气馁。对于父母来说，给予孩子一个自然发展的环境是非常重要的，父母不必也不能强行加快孩子的发育节奏。

2. 训练新生儿的感觉

在幼儿时期打下良好的基础，才能使孩子在成长过程中培养良好的对事物的认识能力和辨别是非的能力，才能使孩子从外界吸收更多更有益的知识。

感觉发育与新生儿的认知发育密切相关，是人类自然成长的基础。只有在幼儿时期打下良好的基础，才能使孩子在成长过程中培养良好的对事物的认识能力和辨别是非的能力，才能使孩子从外界吸收更多更有益的知识。感官训练对智力发展具有头等重要性。智能的培养首先依靠感觉这一初步的、基本的智力活动。人的智力高低与教育有较大关系，通过感官教育可以在早期发现某些影响智力发展的感官缺陷，并及时采取措施使其得到矫治和改善。

（1）触觉训练

新生儿出生第一周，睡多醒少，而且醒时多在吃奶，所以教育便在喂奶时进行。在给孩子喂奶时可用手触摸孩子靠近乳房侧的脸部，喂奶就能很顺利。孩子一生下来便具备了吸吮反射，乳头触及其唇舌便引起吸吮动作。喂奶前用乳头触其左面颊，让他左右扭转头部去寻找奶，随后把奶头放在高低深浅不同的位置，让他调整自己的位置去适应吸吮，这可启发新生儿的思维能力，从识别——反射——再识别而发展起来，接着发展其辨别能力，分别让他尝酸、甜、苦、辣各味，以及冷热温度。

（2）听觉训练

给刚出生不久的孩子听音乐、唱歌，音调不要太高，声音不要太响，听的时间不要过长，不要变化太多，可以哼唱同一首摇篮曲，日复一日地哼唱，母婴感情在摇篮曲的伴奏下亲密地交融，对母婴感情融洽有很大好处。在喂奶时播放优美的音乐，也能使新生儿产生乐感、节奏感。用小型录音机播放音乐，放在其耳后，并随时改变位置，训练他追寻声源及倾听能力，同时也训练了转颈动作。除此外，新生儿的听力还有奇妙的用处。当把孩子的头靠在母亲胸口的左侧抱起时，孩子会显得安定，容易入睡，这是因为孩子在胎内的时候，就长期聆听了母亲心脏的跳动声，当他又听到熟悉的心脏跳动韵节奏时，就变得平静了。在孩子睡醒后，父母可以用温柔的语调与孩子说话。还可以把孩子抱在怀里，对着孩子哼歌，或播放轻柔的音乐。这对发展孩子的智力有很大的作用。

（3）视觉训练

出生后孩子的眼睛就张开看世界了，除了皮肤的触觉之外，眼睛是孩子与外界环境接触最灵敏的窗口。一开始小儿会注视靠近他的物体，妈妈靠近孩子，他就会用眼睛牢牢地盯住妈妈的脸；把一个小红球放在孩子眼前25～30cm处慢慢左右移动，他的眼球就会跟着小红球转动。出生之初新生儿就已有光感，孩子不喜欢强光，当强光刺激孩子眼睛时会出现眨眼反射，房间里光线太强时孩子会显得不安定，但当光线柔和时，孩子就显得安静，不容易哭吵，所以应在房内安装各种彩色灯，光亮适度、柔和，光线不要直射，通过开灯和关灯来锻炼其瞳孔扩张和收缩。从第2周开始，可用鲜艳有声响的玩具，分别一个个呈现在他的眼前，再移动之，逗引他凝视、追视等眼球协调活动。新生儿有分辨鲜艳颜色的能力，对红、绿、黄色反应最为明显，也最感兴趣。在孩子床头上方挂起红绿黄色的气球可以训练孩子的注视力。孩子能看到较大的、形状简单的东西，体积小了、外形复杂的就不容易分清。

（4）嗅觉训练

不管什么气味都让他闻：洗澡时闻肥皂香，吃奶时闻奶香，闻菜香、料酒气味等。

值得注意的是，感觉只能反映事物的个别属性，知觉才能反映客观事物的整体。任何一个事物，都包含多方面的属性，单纯靠某一种感觉，是不能把握的。例如，孩子要认识一个苹果，仅凭视觉，只能看到它的颜色；仅凭嗅觉，只能闻到它的香味；仅凭味觉，只能尝到它的酸甜；仅凭触觉，只能感到它的软硬。必须靠各种感觉器官的综合活动，全面地了解苹果各方面的属性，才能正确认识它。

3. 让孩子四肢动起来

四肢活动是孩子的一种生理需要，以此来表达情感和需要，产生热量，体会身体的感觉，对大脑的发育很有益处。

孩子在胎内手脚就在自由活动，这时母亲能感到胎动。出生后孩子的四肢多呈屈曲状态，但活动很好，左右也对称。四肢活动是孩子的一种生理需要，以此来表达情感和需要，产生热量，体会身体的感觉，对大脑的发育是很有益处的。因此，要促使孩子手脚活动，不要用衣被包裹或穿过多过紧的衣服限制了手脚的活动，尤其在冬春季用蜡烛包包裹保暖时，包裹不能紧，要使孩子在包内手脚也能活动。除了孩子自发的活动外，在醒觉时，母亲可轻扶孩子手脚作屈伸活动，并抚摸手臂、手掌、大腿、小腿和足底，这种触摸和被动活动是一种良好的刺激，通过神经传导到大脑，形成有益发育的信号，是婴儿时期一种有效又简便的早期教育，是一种启迪智力的方法。

4. 多抱抱孩子有好处

孩子哭了，抱起来在房里走走，孩子就不哭了。但老人们常常告诫一些年轻父母说：抱惯了以后就麻烦了，很可能会养成抱癖，以后就不愿意躺着了。

孩子抱多了真的会养成“抱癖”吗？孩子啼哭总是有原因的。有的孩子在吮奶后刚睡一会儿就哭，这时把他竖抱起来，一会儿就睡觉了，这是因为竖抱使囤积在胃和肠子里的空气被排出体外或是因变换了位置，孩子感到舒服了。有的孩子厌烦了单调的吮奶、睡觉的生活方式而啼哭，抱起来在室外室内走一走，不啼哭了，精神很好，情绪愉快，多抱几次是很好的。

有的母亲认为一哭就抱孩子，会养成好抱的习惯，因而横下心来对啼哭的孩子置之不理。这样就造成孩子一直哭下去。实际上，母亲抱着孩子，对孩子是一种运动锻炼，可使颈部、腰部的肌肉得到锻炼，增强空间的感觉，被抱的孩子体型也会变得优美。在新生儿啼哭时，想抱就很自然地将孩子抱起来，这种母亲和新生儿的自然接触，对新生儿来说，是比什么都重要的心灵的“营养”，对母亲来说是一种母爱的表达，因此想抱时就毫不犹豫地把孩子抱在怀里。

5. 新生儿会被宠坏吗

把孩子抱起来走动，他就暂时停止了哭闹。可一把他放下，他又哭闹。在第1个月里，甚至在前6个月里，你用不着担心孩子会被宠坏。孩子哭很可能是他感到难受。如果把他抱起来他就停止哭闹，那么，很可能是因为抱他的时候分散了他的注意力，使他暂时停止了哭泣。也可能是因为父母抱着他的时候温暖了他的小腹，使他忘记自己的痛苦和紧张感。试想，1个月的孩子能明白什么道理？孩子能否被宠坏的答案就在于此。很显然，他不可能懂得在一天24小时中，只要一哭就会有人来关照他。而只有在他懂得这些道理的时候，才才有可能被宠坏。但我们知道，新生儿不可能预测未来，他完全生活在一个“眼前”的世界里。他也不可能形成这样的想法：“等着瞧吧，我不会让这些家伙的日子好过，除非我要什么他们就给我什么。”这也是判断孩子是否被宠坏了的另一个关键。

在这个时期，孩子明白得越来越多的只是对外界的一种基本信任感。如果他的需要能迅速而周到地得到满足，他就会感到世界是一个充满慈爱和通常只发生好事的地方。因此，即使他原来有过不良的印象，也会很快地转变过来。进一步说，只有当孩子能够理解为什么他的需要不能马上被满足的时候（可能在9个月的时候），他才可能被宠坏。

第三章

婴儿篇

婴儿期是指孩子从满月到满1周岁的阶段。在这一阶段，孩子身心发育比新生儿期明显成熟，婴儿的动作机能快速发育，逐渐学会了抬头、爬行、站立，乃至最后学会了行走。这时婴儿的心理也发生了变化，表现为容易受惊吓，对事物有恐惧感。作为父母，应根据孩子的成长发育规律进行引导和训练。

第一节　运动能力显著发展

1. 婴儿的运动发育规律

不同月龄的婴儿通常会出现不同的典型动作，如满1个月时手脚活动，抱起能竖头片刻；2个月俯卧时稍能抬头及胸；3个月俯卧时下颌及两肩离开床面，两前臂能支撑前胸；4个月头竖直稳定，抬头90度；5个月能从俯卧翻身到仰卧；6个月从仰卧翻身到俯卧；7个月能坐稳；8个月开始爬行；9个月能扶住站立和坐下；10个月能扶一个手站立，能爬阶梯；11个月扶两手能行走，单独站立；12个月扶一手能走，但略显蹒跚。

新生儿通常被裹在襁褓中无法自由活动，实际上也没有活动的能力。但婴儿在逐渐学会控制自己的身体，尝试肌肉的运动。最初是先从头开始，然后逐渐地过渡到手、身体和腿。许多早期的运动已被神经中枢安排好。比如，父母根本用不着去教给婴儿如何吮吸，如何吞咽，如何哭叫，如何用眼睛跟踪物体以及如何用手去够东西。如果有什么东西，比如说乳头或者手指碰着了婴儿的脸，他就会努力用嘴去够。然而几天之后，不等乳头触及他，他就有吮吸动作。如果你试图扶住他的头不让他动，他马上就会生气，并且扭动着脑袋以便挣脱。这或许是婴儿天生就具有的自我保护的本能。

2. 抬头动作的发育过程

抬头动作的发育与颈部肌肉的发育密切相关，想要把沉重的头颅竖起来，并最终自如地完成抬头动作，大概需要4个月时间。

抬头是孩子动作发育中很重要的一个表现。要把沉重的头颅抬着竖起来，需依靠颈部肌肉的发育。颈部的肌肉有位于颈项后面的颈后肌和颈前面的颈前肌，由于婴儿的颈后肌的发育早于颈前肌，所以先出现俯卧位时抬头，这对婴儿的发育也是有正面和积极意义的，然后才能在仰卧位时把头慢慢抬起来。

刚出生不久的新生儿在俯卧时能稍稍抬头1～2秒钟，把孩子直抱起，也能保持竖头几秒钟；2个月时，让孩子俯卧时，孩子能够把头和胸部稍稍抬起，但如果把脸朝上睡的仰卧位，把孩子的双手握住慢慢往上拉，他的头仍向后仰，无法抬起来；到3个月大时，让孩子俯卧时，孩子两前臂会用力支持使下颌和双肩部离开床面，抬头就很稳当了，几乎可达到90度，并且能向左右转头，但在仰卧位拉起双手时头仍稍向后仰；到4个月时，抬头已很自如，仰卧位拉双手时头能和躯干成一条直线，扶着孩子坐在桌子上，头可以向前后左右自由地转动。至此，抬头的动作算发育完成了。

3. 手的抓或拿

手的主要作用是抓或拿东西。婴儿仿佛事先就知道他下一步要学什么。孩子能伸手抓物之后，扩大了与外界的联系，如同大脑的“营养剂”。父母应用各种场合和玩具训练孩子伸手抓物的能力。

有些孩子刚一出生时就能随意地将手指放入口中。怀孕期间的超声波检查发现，婴儿在出生前就是如此。由于婴儿的手此时还是紧紧地握在一起，所以他们还需要很长的时间才能将自己的拇指与其他手指分开。但许多婴儿在两个多月的时候，就能一连几个小时一动不动地高高地举着手目不转睛地盯着看，似乎对此感到很好奇，直到一下子砸到自己鼻子上为止。然后重来一遍。这便是手眼协调一致的开始。

3个月时，婴儿就不再握拳而放开了手指，这为小手抓取东西创造了条件。3个月的孩子看到东西会手舞足蹈，当把细柄的玩具靠近孩子的小手时，孩子能有目的地抓住，自发地摇动敲打，两只小手能在胸前互相玩弄并观看双手。

5个月时，婴儿会主动伸手去抓住眼前的玩具，但这时抓物的姿势还很笨拙，不管什么东西都是一把抓，抓住了东西就往口里塞。

6个月左右时，婴儿就学会了去够离他一臂之遥的东西。他们能独自玩弄小玩具了，并且能把玩具从一只手转移到另一只手中；大约与此同时，他还学会了如何将一个物体从一只手上转换到另一只手上，并逐渐熟练地玩弄手中的玩具。

8个月时，婴儿抓东西的姿势就大有进步了，会用拇指配合其他手指来取物，这样抓东西就准确多了，也有可能抓住较小的玩具了。

9个月时，婴儿则会用拇指与食指来抓物，抓物的精确度也很高。

10个月时，婴儿能将手里抓到的物体放掉，去抓另一件物体，这时就会玩较小的、品种多样的玩具了。

11~12个月时，婴儿很喜欢用心抓一些小东西，尤其是大人不想让他碰的物体，比如地上的泥巴。到1岁左右，婴儿就能自己拿匙学着吃饭了。

伸手抓物是婴儿的一种精细动作，动作的完成需要眼手协调，需要身体里大小肌肉的配合才能完成。孩子能伸手抓物之后，扩大了与外界的联系，接受的触觉、视觉和听觉刺激也大大增多，各种各样的感觉传达到大脑里，对大脑是个很好的“营养剂”。因此，在孩子3个月后，大人利用各种场合和玩具训练孩子伸手抓物是开发智力的好方法。

4. 用手习惯是天生的特点

在婴儿6至9个月的时候，很难看出婴儿是偏爱使用左手还是右手。不过习惯用右手还是左手是人类一个天生的特点，并且迟早会在每个人的身上明显地体现出来。一般来说，大多数婴儿在1到2岁时能同时使用两只手，然后才慢慢地开始习惯用右手或左手。

习惯使用哪只手与不同家庭的行为习惯有关。有的家庭有好几个左撇子，而有的家庭则一个也没有。由于惯用哪只手是先天的特点，因此强迫惯用某只手的孩子改为使用另一只手就是一个很大的错误。这种强行的改变会使孩子的头脑混乱，破坏了孩子大脑中枢已经形成的那种独特的工作方式。另外，惯用右手还是左手也与偏爱使用右腿或者左腿、右眼或者左眼有一定的联系。

5. 从翻身到坐起

小儿学会控制头和胳膊动作的时间因人而异，学会翻身、坐起、爬行及站立的时间，也是如此。对于大部分的幼儿来说，时间的早晚取决于其个性和体重。体瘦而结实，精力旺的孩子的活动欲望非常强；而身体偏胖、文静的孩子学会翻身、坐起、爬行、站立的时间就要迟一些。

婴儿刚开始想翻身的时候，最好不要把他放在桌子或椅子上，因为在无人照看的情况下婴儿很可能从桌上或椅子上摔下去。父母在这一点要严格要求自己，哪怕是一转身的功夫也不允许，除非用带子将婴儿捆住。等到婴儿出生后2～6个月，这时的婴儿真正能够翻身了，大人如果把他放在某个地方，包括大床的中间，都是不安全的。因为婴儿到达大床边缘的速度很快，往往超出我们的想象，如果稍有不慎，孩子就会从大床上掉下来。

如果幼儿刚从床上摔下来的时候大哭起来，然后就不哭了，并且在15分钟内恢复了正常的肤色，这表示他的大脑并没有受到伤害。如果他睡着了，一个小时之后一定要将他弄醒，以确信幼儿神志清醒。家长可以带幼儿去检查一下，向医生或者保育护士说一下当时的情况。在大多数情况下家长们都可以放心，因为幼儿是不会有任何问题的。

大多数的孩子在7～9个月的时候，只要大人帮他坐起来，他不用扶就能坐得很稳。但婴儿往往在还不能坐稳的时候就想坐起来。如果大人拉住他的双手，他就想使自己站起身来。那么，孩子多大的时候才可以让他依靠着东西坐在婴儿车上呢？一般说来，最好等到孩子自己能够坐稳几分钟时再让他依靠着东西笔直地坐着。当然，这并不是说家长不可以为了好玩而让孩子坐着，也不是不可以让孩子坐在大人的腿上或者倚靠着枕头坐在婴儿车里。要这样做就得符合一个要求：尽量让孩子的脖子和后背挺直，避免让孩子长时间弓着腰。

当幼儿已基本上能自己吃饭了，最好给孩子提供一把矮桌椅，如果要使用高椅，就要在椅子下面安装一个结实的大底座以防椅子翻倒，还要用带子将孩子扣住，避免孩子摔下来的危险。尽管如此，孩子仍然需要有人照看才行。

6. 从爬行、站立到行走

6个月之后，婴儿渐渐学会了爬行，10个月之后就学会了站立，到了1

岁左右就可以独立行走。但这只是一般情形。决定婴儿动作能力发育快慢的因素有很多，父母要在平时注意，并观察自己的孩子，适时提供帮助。

出生后6个月到1岁，婴儿在某个时候渐渐学会爬行，他们用双手和膝盖支撑起身体缓慢移动。通常也有一些完全正常的婴儿一点儿都不会爬，他们只是坐着转圈，直到会站立为止。

婴儿爬行和缓慢运动的方式也是多种多样的。当他们熟练了一种方式之后就会改变方式。有的是先学会向后爬，有的则是恰似螃蟹一样向两侧爬。有的婴儿用双手和脚趾爬行，而腿是直的；有的则使用双手和双膝，还有的却是使用一个膝盖和一只脚。观察发现，早学会爬行的幼儿走路要晚一些，而爬行时较笨拙或者根本不会爬行的幼儿，却能较早学会行走。

到了10～12个月之间，婴儿就渐渐学会了站立，但对于精力充沛及运动神经发达的婴儿，他们在出生后第7个月时就能站立了。当然，虽然也有到1岁之后还不会站立的孩子，但这样的孩子在其他方面都正常。一般情况下，他们有的偏胖，有的性情温和，有的则是双腿的协调性发展较慢。不过只要医生认为他们健康，而他们在其他方面都很聪明敏感，家长就不必为孩子迟迟学不会站立而担忧。

不少婴儿刚学会了站立，却不知道如何再坐下去，这使他们陷入困境。他们如果一直站着，就会累得筋疲力尽而急躁起来。如果大人这时把他们从围栏中抱起来，并让他们坐下，那么用不了多久，他们就把疲劳感忘得一干二净，再次站起来。而后呢？只需两三分钟，他们就又会再次哭叫起来。

这看上去有点无止无尽，不过也有解决办法，比如在幼儿坐下来时，给他一些特有趣的东西玩耍，或者用小车推着他多走一会儿。一般来说，婴儿在一周内就能学会站立之后如何坐下。婴儿总是会主动尝试着坐下去。他会小心翼翼地使自己蹲下去，直至胳膊够得着下面的坐垫，犹豫了半天之后，终于“扑通”一下，一屁股坐了下去。

再过上几个星期，婴儿就能学会用双手扶着东西来回走动。他先是用两手扶住东西，接着是改用一只手。这一阶段被称为“蹒跚学步”。通过这样的练习，婴儿的平衡能力达到一定程度，就可以朝前连续走上几秒钟了。由于精力集中，婴儿根本意识不到自己在做一件多么大胆的事情。这时的幼儿实际上已经可以行走了。

决定幼儿什么时候学习行走的因素很多，遗传因素可能是最重要的一个，然后是婴儿行走的愿望是否强烈、体重、爬行的熟练程度、疾病及经历等。举例来说，一个刚开始学走路的孩子若生病卧床两周，就会在长达一个多月的时间里不想行走。而正在学行走时摔了一跤，婴儿也会在数周之内拒绝继续练习。

通常情况下，1岁至1岁零3个月之间是幼儿学会走路的时期，但一些强壮而活泼的孩子早在9个月的时候就学会了行走，也有相当多很聪明的孩子在1岁半，甚至更晚的时候才学会。

对于父母来说，我们不用采取某种方式去教孩子行走，当孩子的肌肉、神经和精神达到一定程度之后，他们自然就能学会。

许多父母或许都有这样一个担心，即孩子较早学会行走，是否会使孩子的腿受损坏？但这样担心并无必要，因为孩子自己想做什么，都是因为他们的身体已经具备承受这种动作的条件。在学行走的头几个月中，孩子的腿可能像罗圈腿，大部分幼儿在刚学行走时，他们的脚也都存在一定程度的“外八字”，但随着他们之后的行走技巧的日益熟练，脚尖就会逐渐向内并拢。有的小孩在刚开始学行走时就像卓别林一样，脚尖笔直分向两侧，后来则调整到了适当的角度；有的小孩子开始时两脚水平朝里，到后来往往变成了“内八字”。

孩子的腿、踝节和脚是否能挺直生长，取决于多种因素，其中就包括孩子的先天发育模式。有些孩子似乎又成为罗圈腿和镰刀腿的倾向，体重较重的孩子最容易出现这种结果。另有一些孩子似乎生来就是内八字脚或罗圈腿，那些活跃、健壮的孩子很容易出现这种情况。

还有一个因素也能影响孩子腿脚的发育，即腿脚的位置。比如，我们时常看到足内翻的孩子总是把脚压在身子下面坐着。人们认为一些孩子之所以形成内八字脚，是由于他们在伏卧的时候，双脚的脚趾总是相互对着的缘故。

从孩子开始站立的时候起，医生和护士给孩子做定期体格检查时就会注意孩子的踝关节和腿的发育情况。这就是在孩子2岁时要定期接受体格检查的一个原因。如果足内翻、镰刀腿、罗圈腿或者内八字脚等情况继续发展下去，就需要采取矫正措施。

第二节　婴儿的智力教育

1. 抬头训练

在孩子出生后3个月内，抬头训练就应该成为家庭早期教育的重要内容。让孩子学会抬头并转动头部观看四周，在一定程度上可以促进小孩智力的发展。

检查抬头动作，是衡量婴儿早期发育水平的重要指标之一，如果到3～4个月时婴儿在俯卧位还不能抬头，仰卧位双手拉起时，头仍无力地向后仰着，就表示动作发育落后，多半是大脑受到损伤的表现，应及时请医生检查诊断。

训练孩子抬头时可以使用带响声的彩色玩具，先使孩子脸朝下，在孩子头顶前上方摇响玩具并呼唤孩子的名字，使孩子的头尽量往上抬，然后让孩子仰卧，母亲拉住孩子双手的手腕部慢慢往上拉，另一人在头前上方摇铃，训练仰卧位抬头。及早训练，可使抬头的动作提前发育。

抬头对孩子的智力发育有积极的意义，孩子能把头抬起来，并能左右环顾，看到周围环境的范围就很大，接受视觉刺激更多，也就促进了智力的发育。

2. 训练宝宝独坐

坐对孩子的发育有重要的意义。一旦能坐起来，孩子观察周围的范围就扩大了，观看物体的形状就更真实了；同时，孩子坐着时，手的活动也自由了，可以坐着玩玩具，翻图书，与大人的交往也更直接了。这就是大家都对婴儿的独坐这一动作十分重视的缘故。

4个月以前的婴儿，腰肌还没有力量，把他放在座位上时，腰直不起来而身体会弯成圆弧形；在孩子5个月时就可以开始训练坐的动作发育。有人担心太早让孩子学坐会把腰背坐弯了，将来会成为“驼背”，这其实是不必要的顾虑。因为婴儿期的腰背肌肉尚未发育，脊椎关节活动较好，脊柱的弹性也好，不会造成脊柱弯曲畸形的，可以放心地进行训练，不要老把孩子抱在手里，失去了动作训练的机会。

到5个月时孩子靠着被子坐时，腰开始能伸直；6个月时用两只手臂向前撑住身体能坐住，不再倒下。这是坐的开始。7个月就能独坐片刻了，坐时腰背部能伸直而不弯；到8个月时，大部分的宝宝都能独立稳坐，并能自由地向左右转身，坐的动作就发育完成了。

3. 练习爬行

婴儿6~7个月时已能用手支撑起胸腹部，这时成人可以用手掌顶住孩子的脚掌，帮助他用脚蹬，试试向前爬的动作。这时虽然只能在原地转动，但这是爬行的开始。当他能用上肢向前移动时，爬行动作就能完成。开始时父母不妨扶住孩子的手向前移，让他体会爬的感觉，反复几次之后就能学会了。

对于婴儿来说，爬行能扩大他的活动范围，接触到更多的东西；同时爬的动作要手膝脚合用，相互协调，有助于胸部和臂力的发育，对发展婴儿的肌力和协调性也有很大益处，在家里应该创造条件让孩子爬行。热天在地上铺凉席，冷天铺块小地毯或垫子，给孩子创造一个爬行的场地，最好加上几件喜爱的玩具，激发孩子的兴趣。

① 让孩子俯卧，用玩具吸引孩子，使孩子仰起头，两手推起身体，试图前爬拿到玩具。

② 在床上或垫子上的不同位置放上各种玩具，让孩子自己爬行拿到玩具，自我玩耍。

③ 爬越各种障碍物，如毛巾、枕头、坐垫、横木棒、塑料玩具等。

④ 爬上或爬下斜面。

⑤ 与孩子玩各种爬行游戏，如爬行追逐游戏、捉迷藏游戏等。

在进行爬行训练时父母应注意以下几点：要做好保护和帮助工作，但要注意发挥孩子独立解决困难的能力；要循序渐进地进行训练，新的练习或游戏一般做3～5次，总练习时间不超过20分钟，每天做1～2次；活动应放在孩子饭后、饭前一小时进行；完成活动后要给予表扬。

4. 教孩子学行走

人的行走是用两只脚交替向前迈步，每迈一步都需要变换重心。首先要教婴儿学习变换身体重心。

婴儿从卧位到立位，已有一些移动重心的尝试。例如，8个月的婴儿能坐在床上自如地转动身体；10个月的婴儿会从座位顺利地改为俯卧位。但是，这些尚属于最基本的能力，进一步的训练可让孩子两腿跪着，不扶任何物体，向前蹭着走；还可拉住孩子的双手或单手，让他向前迈步。时机成熟时，设置一个引导孩子独立迈步的环境。比如，让孩子靠墙站好，妈妈退后两步，伸开双手鼓励孩子："走过来，走到妈妈这边来。"当孩子第一次迈步时，父母需向前迎一下，避免他在第一次尝试时就摔倒。以后再进行第二次、第三次，逐渐加大距离，并对孩子每次的成功都给予鼓励。

通过以上训练，孩子很快就能掌握两腿交替向前迈步时的重心移动，用不了多长时间就学会走路了。

5. 给孩子好看的玩具

在2～4个月的时候，婴儿开始喜欢色彩鲜艳而且会动的东西。他们也会醒得越来越早，所以在他们醒着的时候，他们需要有点儿事做，而且还需要陪伴。在户外，他们会饶有兴趣地观看树叶和阴影。在室内，他们会仔细地看着自己的手和墙上的画片。因此在孩子会用手抓取东西的时候，父母可以买一些用线串着的、色彩鲜艳而且形状各异的玩具回来，把它们挂在童床上边的边框上，让玩具旋转吸引孩子。玩具最好是挂在他们能够到的地方，不宜在孩子的鼻子上方。父母也可以使用硬纸板制作一些活动物体，上面糊上彩纸，挂在天花板或者吊灯上，使之轻轻地旋转。但这些东西不结实，不能让孩子拿着玩，同时也不卫生，不能让孩子啃咬。

很多父母都知道，孩子喜欢拿到什么东西都往嘴里放。孩子在能够用手抓住东西的时候，最大的乐趣就是拿着东西放进嘴里，如连在一起的玩具、拨浪鼓、咬圈、布制动物和娃娃，以及可以啃咬的安全家庭用具等。这时父母应该适当劝阻孩子，但不宜把玩具拿走。

6. 智能训练

婴儿期是大脑发育最快的时期，对孩子的智力有着深远影响。早期教育的意义就在于，通过按部就班的训练提高孩子的感官、动作等能力，使孩子变得更聪明，更能适应生活。

孩子出生后头几年大脑的发育是一生中最快的时期，进行早期智能开发，对孩子的智力具有深远的影响。因此，家长应重视孩子的智能开发，从新生儿期就可以开始进行教育。

2~3个月：在每次洗澡后，可让孩子俯卧抬头、挺胸，还可在其他时间里，尽量少穿衣服做训练。例如，可在仰卧位时，轻轻拉起双手，让头离床抬起。这都是在训练颈部的肌肉，使孩子的头在直立时就能很稳定竖起。并且继续训练视觉、听觉。

3~4个月：训练孩子拉起坐下动作，训练翻身，从仰卧位翻到侧卧位，每次可训练数分钟，每日训练数次。并且要有意识地放一些玩具在孩子的手中，锻炼孩子抓握东西的能力，而让孩子自己扶奶瓶，可锻炼手的活动。

5~6个月：训练孩子从靠坐到独坐，从翻身到学爬。扶着小儿的腋下，让孩子在床上或大人的腿上跳一跳，可训练腿部肌肉；训练手的动作抓握，并且使孩子眼手协调，看见玩具会用手去取；照镜子认识自己。

7~8个月：做爬行训练，可协调上下肢动作，锻炼肌力，既可为直立行走打下基础，又能较早地、主动地接近和认识事物，促进孩子的认知能力。会爬、坐得稳后，就可以练习孩子扶站，每日可练3~4次，每次数分钟，这是迈步的开始。手的技巧更细，每天训练用拇指与其他手指去捏取小物品，但要防止误投入口中的危险；说话要与动作、物体联系，如“再见”、“欢迎”、“妈妈在哪里”等；训练用杯子喝水，可改变小儿口型及影响牙的发育。

9～10个月：让孩子扶站、独站、扶站坐下，做双手拿两个玩具对击的训练；认识图片、物体，模仿发音“pa—pa”、“ma—ma”；可适当训练大小便坐盆，要多与其他孩子玩。

11～12个月：训练扶行、独走、踢小球。给1支笔、一张纸，让孩子在上面涂画；认识身体五官，学说话，理解成人的语言，配合日常生活，让孩子有一定生活自理能力，使孩子能主动配合洗澡、穿衣、穿袜等。

7. 练习发音和说话

婴儿从2个月起，进入语言发展的自发发声阶段。对于婴儿的智力发育来说，语言的发育是一个重要环节。一般地讲，语言发育早的孩子智商都较高，因此，父母要重视对孩子语言能力的开发。

有许多人错误地以为2个月的婴儿什么都不懂，其实他（她）可以听成人说话的声音，看成人说话时的口形和表情，用自己的眼睛注视着和自己说话的人。

这个阶段是婴儿学习说话的准备阶段，对今后孩子的语言发育十分重要。所以要多和婴儿说话，虽然孩子不明白意思，但对他的语言发展会起到良性的刺激作用。

父母在说话时注意一定要面对着孩子，用亲切的语音、温柔的表情、明确的口形来引逗他，这时孩子也会很愉快地活动口唇并发出“呃，啊”的声音或发笑，这种发音是婴儿语言发育的雏形。父母还可利用孩子喜爱的玩具，结合日常生活照顾，随时随地地与孩子说话，使孩子经常地发出“啊、啊”的声音来。

相对来说，孩子对纤细清脆的声音更敏感，但他们说出来的话并不是和妈妈的话一样，而是有很大的随意性。通常从孩子降生的第4个月开始到第9个月，孩子发出的声音都不是语言。

语言学家认为，每个人生来就有学习语言的天赋，并且在获得成功的因素中发挥着非常重要的作用。当幼儿第一次呼喊父母时发出“爸爸”“妈妈”的音时，父母无疑是激动而幸福的。而这简单的结果却需要一个并不容易的学习过程。语言的发育必须具备听觉、发音器官和大脑三者功能正常这一先决条件，这三者中若有任何一种出现发育异常，都会造成语言发育不良。孩子在学会说话以前，先有理解成人的语言这一阶段，然后才能表达；学说话时，先说单词，以后才能组成句子。口语的发育要经过哭叫、咿呀发音及说话几个阶段，是随着孩子的成长，经过学习训练才逐渐形成的。

我们知道新生儿是不会说话的，却可能并不知道新生儿最注意的是说话声，尤其是他妈妈的声音。

正如其他方面的发育一样，婴儿渐渐对以往偶然发生的事情有了控制能力，开始意识到他听到的声音就是他自己发出的。有时这个声音甚至会在周围产生，比如大人的惊讶声：“你听见他在叫‘妈妈’了吗？宝贝儿，再叫一声‘妈妈’。”后来他就开始主动地发出这些声音。一开始他发出的声音是最容易发的，比如“爸—爸—爸”，或者“大—大—大”。这就标志着儿语的开始。这一变化一般是从他出生后第4个月开始的。此时，婴儿对发出声音的兴趣越来越大了，他越来越想发出更多的声音来。但这些声音是没有内在含义的，它们不表示一个物体或一个意愿，因此还不是语言。

在以后的几个月里，婴儿开始发出有音调和韵律的声音。此时，如果婴儿听到的语言是以英语为主，他就会发出有英语韵律的声音，中国的婴儿发出的则有着汉语音调的声音。在9个月左右，婴儿开始有创造性地把一些声音连在一起，并能变化这些声音的音调和韵律。这叫做“喋喋语”，而且听起来只能算是他们自己的语言。但这些声音没确切含义，不能称之为语言。

8. 从“单字”到“双字”阶段

在语言发育的整个过程中，婴儿总是先理解了话语然后才学会说。2～3个月的孩子已能发出喉音如“呃”、“啊”，当母亲逗引他时，有时也会发出“啊”、“咿”、“呜”等元音来，孩子听到自己发出来的声音与喉部的本体感觉，使孩子自发地重复这种发音，这种现象在5～6个月时最明显。

从6个月开始，孩子会发出p、b、m等唇音，以后这些唇音与元音“啊”、“咿”等结合形成拼音，这时，做父母的听到孩子会叫爸、妈了，心情十分喜悦。其实，孩子这第一声妈和爸是无意识的，他并没有把这种发音与父母联系在一起。但当孩子发出pa、ma音时与父亲、母亲的亲近，与父母愉快的表示多次结合在一起，发音与具体人发生了联系，再加上大人的专门语言训练，如母亲给孩子喂奶时说“来，妈妈给宝贝喂奶了”，父亲见到孩子说：“爸爸抱宝贝啰”，经过反复多次的联系和训练，孩子脑子中就形成了爸爸、妈妈与具体发音的联系。

直到9～10个月时，孩子能有目的地称呼自己的亲人了。在出现这一突破性进展之后不久，就开始了“单字”阶段，这大约在孩子10个月之后。由于婴儿一直在练习发音，所以已经具有发音的能力。此时他们可以运用这种能力，来发出有意义的声音或者单字。最初这些单字都是他心爱的人或者物（如“瓶”、“爸”、“妈”等）。接着又学会了表示行为的单字（如“走”、“吃”等）和形容词（如“冷”等），以及社交词（“……

见”）。“单字”阶段是个令人难以捉摸的阶段，因为孩子试图用一个字表达多个意思。有的时候意思很容易猜出来，比如“瓶”的意思是“我要奶瓶”。还有的时候，意思令人费解，因此常常使幼儿和父母双方都感到气馁。

再过大约6个月，幼儿出现了一个认识上的飞跃：“哦，原来可以把两个字放在一起来表达意思！”研究孩子“双字”阶段的科学家们注意到，无论幼儿的母语是什么，这个阶段表达思想的方法都一样，要么用一个名词加一个动词（“妈走”），要么用一个形容词加一个名词（“大饼”）。幼儿在“双字”阶段表达的意思比“单字”阶段要多。这或许是因为他们在话语上的突破加快了其学习新词汇的速度。2周岁的孩子平均每2个小时就能多学会一个新字。

在婴儿阶段，培养孩子的掌握词汇能力可选用以下方法。

（1）让孩子注意去听周围环境的各种声音及喧闹，并学会辨别。

（2）跟孩子讲话时，力求注意发音清晰、到位。即使在她很小声地说话，好像是在讲什么秘密时也要注意这点。

（3）让孩子唱歌，可锻炼孩子准确发音。父母在教孩子时发音要慢些，把每个字的音节分开来发。

9. 玩耍是一种自我训练

婴儿学会用手之前，喜欢看吊在小床上方色彩明快的、黑白色相间的或者轻轻晃动的东西。6个月的时候，婴儿就喜欢上了他可以抓握、摇晃和啃咬的东西。这看似小小的动作，但实际上是一种玩耍的形式。就像中学生学习几何一样，婴儿玩耍其实是一种训练自己的过程，玩耍能增强他们以后胜任工作的能力。无论是婴儿把拨浪鼓从一只手换到另一只手，还是幼儿推着木块当汽车，沿着地板上的缝隙向前走，他们都是在努力地学习了解周围的世界。儿童并不是因为某种游戏简单才热爱玩这种游戏，恰恰相反，他们是因为它做起来不容易才喜欢玩的。他们每日每时都在力求取得更大难度的成就，都在追求做其他大孩子和成年人所做的事情。

有一位1岁男孩儿的父母抱怨说，他们的孩子玩腻了积木，现在就愿意把锅碗瓢盆往一起垛。我想，这其中的原因之一就是孩子知道他的父母是拿着这些锅碗瓢盆“玩”，而不是拿着积木玩。因此，他觉得玩这些锅碗瓢盆更有意思。作为家长，不能光想着为孩子提供有意思的玩具，玩具固然有作用，给孩子提供一些与日常用品相仿的小东西，也能引起孩子的兴趣，因为婴儿急需对周围的事物获得更多的了解和掌握。

10. 培养读书的兴趣

研究发现，电视和电脑进入家庭之后，孩子们越来越被眼花缭乱的电视节目和各种新奇的游戏所吸引。虽然阅读同样需要积极参与，但与电视或电脑相比，阅读需要想象力来补充故事中的空白部分，虚构一个形象，并使自己进入角色。而前两者则缺少这种积极参与。因此，孩子可能处于一种危险的倾向中，即有了更直观的刺激，实际上这就阻碍孩子积极的思维和想象的发展。

阅读能力是在学业上有把握成功的一个前提条件。研究表明，读起书来废寝忘食的人往往是比较好的学生。用书来帮助孩子解决问题，其效果要比用电视更好。这是因为用书帮助孩子解决问题的时候，要求孩子积极地去参与整个过程。

父母应从孩子很小的时候就开始培养他对阅读的热爱。孩子长到4~6个月的时候就可以给他读一些东西听了。当然，这个时候他是不会对书中的图画或者故事感兴趣的。但当孩子开始喜欢坐在父母的大腿上，紧挨着父母和父母一块儿欣赏眼前书中的奇怪图画的时候，父母实际上就是在为培养他的阅读兴趣，给他奠定阅读的基础。

9～12个月以后，书的内容就变得比较重要了。父母与孩子共同享受读书的乐趣是一种促进孩子语言能力发展的绝妙途径。明快而又色彩鲜艳的图画能激励孩子学习新单词，这些新词又反过来帮助孩子理解图画所代表的真实的物体。给孩子讲解图画的时候要带着很高的热情和丰富的表情。

孩子长到18个月左右，就会对故事本身的意义产生兴趣了。他可能会开始看出字词和图画不同，并且想知道这些字是什么意思。虽然他这时还不是在读书，但是他是在学着观赏书和体验观赏书的乐趣，这就是他养成阅读习惯的先决条件。

父母应经常给孩子读点儿东西，至少一天2次。除此之外，在睡觉前还可以给孩子读一个小故事。这是一种非常好的就寝方式，它包括父母与孩子之间的亲密和温暖，而且还赋予孩子一定的想象力。

孩子再长大一点以后，就可以鼓励他自己去阅读一些高质量的漫画书、儿童画报等。重要的是要让孩子成为一个酷爱读书的人。当然，应该鼓励孩子读一些好书和优秀的儿童文学作品，但是要做到让孩子读自己喜欢读的东西。儿童喜欢订购杂志并且喜欢收到上面写有自己名字的邮件。

当孩子经常在家看到父母读书以后，他就懂得了读书的重要。阅读的才能是想象的才能，是理解新世界的才能，也是在学业上获得成功的才能。所以，一定要保证让孩子欣赏和热爱这种才能。

第三节 婴儿的心理成长

1. 多逗孩子微笑

出生不久的孩子在睡觉的时候会微笑，但这种微笑并不是因为有趣的、高兴的东西，而是一种自然发生的笑的动作。

在孩子2～3个月之后，当母亲逗引孩子时使孩子发笑，这是一种善意的交往的笑，是人与人之间感情交流的表现，它和新生儿出现的自然性笑是不同的。尽管母亲逗孩子不是每次都能逗出笑来，但其可能性会逐渐上升，只要反复逗引和培养，孩子微笑的机会就会增加。微笑能使孩子和周围人的感情充分融洽，使孩子的心灵得到安定和愉快，让孩子对周围事物的热情更加高涨，使孩子具有强烈的兴趣去观察身边的一切，从而有利于其智力发育。

2. 平静和蔼地陪伴孩子

无论什么时候，只要和孩子在一起，就要平静和蔼地对待他。当你给他喂奶，拍着他打嗝，给他洗澡、穿衣、换尿布，抱着他或者在房间里陪着他静静地坐着的时候，他都会感觉到你对他的深情厚意。

当你把他抱在胸前，向他发出声音，或者向他表示他是世界上最好的孩子的时候，你实际上是在给予孩子精神上的鼓励，使他朝着好的方面发展。那些缺乏经验的父母通常会遇到的一个烦恼就是，有时候他们因为做事太投入而忘了去和孩子亲昵一下，享受其中的乐趣。

当然，这里并不是说只要孩子醒着，就应该和孩子喋喋不休地说个没完，也不是说要不停地摇动孩子，或逗他玩。为什么不宜这样做？因为这些行为不仅会使孩子很快就感到疲劳，而且还会使孩子紧张。和孩子在一起的时候，最好多静静地坐着，陪在孩子身边。这种温馨、随和的气氛对孩子和父母都有好处。当你抱着他的时候，一种温馨的感情油然而生。

另外，婴儿比较敏感，无论是较大的声响，还是被突然挪动位置，婴儿都容易受到惊吓。一些婴儿尤其敏感，当家长把他们往又硬又平的地方放的时候，就可能使他晃动一下。这种突然的震动足以使敏感的婴儿吓一大跳，惊恐地大哭起来。婴儿也不喜欢洗澡，因为洗澡时不容易将婴儿抱紧。所以给婴儿洗澡时，家长首先需将孩子放在自己的大腿上为他冲洗，然后再放进浴盆中去。在此过程中，家长要用双手把孩子扶稳，时刻抱紧孩子，移动的速度要慢。随着婴儿逐渐长大，这种不安的状况就会慢慢克服。

3. 婴儿怕生心理的变化

怕生是婴儿常见的成长发育现象。它在孩子9个月时达到高峰，15个月的时候则基本消失。当孩子对陌生人或陌生地点特别敏感时，就应在孩子熟悉之前，让孩子与陌生人保持距离，以防受惊吓。

观察婴儿在不同阶段对陌生人的反应，可以了解婴儿在不同阶段的心理发育状况。

有医生对婴儿做过观察，当婴儿2个月左右时，他不太理会医生，躺在体检台上时会不停地回头张望他的妈妈。

4个月时，只要医生一对他说话或者微笑，他就会高兴得手舞足蹈地笑起来。

在5～6个月时，婴儿对医生的态度又发生了变化。在医生的办公室里，如果医生过早接近他，他就会有不安的表现。婴儿在这个阶段特别敏感。他对任何不熟悉的东西或某些变化都会产生警觉。这就是早期的怯生。当医生靠近体检台时，躺在上面的婴儿就会停止向四周张望或玩弄自己的手，而是紧张又担心地望着这个陌生人。接着他的小肚子开始一鼓一鼓，速度也越来越快，然后他就扯着嗓门嚎哭了起来。他可能会躺在那里连续哭上一刻钟，谁也没有办法让他安静。

那么，婴儿是如何发生这种变化的呢？首先，婴儿从6个月起就能想起自己曾经见过，但不喜欢的东西和人。这就是检索记忆。但是在前几个月里，他只有识别记忆。他能识别自己的父母，并且喜欢他们，但当他们不在他的视野之内时，婴儿并不能想起他们来。随着检索记忆能力的产生，他就能在看不见父母的时候想起他们的形象来，并且能够拿他们的形象同面前的陌生人进行比较。如果婴儿在记忆里检索不到面前陌生人的形象，他就开始感到不安。

在7～9个月时，婴儿仍然不能根据自己的经验来预测将要发生的事情。所以，当他面前出现一个陌生人的时候，他就无法理解为什么他不熟悉这个人，而且他也想象不出这种情况会产生什么结果。另外，他也找不到什么办法来排除自己的担心。他既跑不了，也不能藏起来。他只能急得哭了。

1岁的幼儿和5～9个月的婴儿相比，怯生的表现又有所不同。当医生接近他的时候，婴儿就会挣扎着从体检台上站起来，并试图离开体检台，回到妈妈怀里。如果妈妈把他推回去，他就会用尽全身力气大声哭叫。他还会不时地回头看，如果看见医生还在那里，他就会再次哭闹。但是再过五分钟，他就会变得高兴起来，好像什么事情都没有发生过似的。再过十分钟，他就可能拿着医生的仪器玩，甚至还可能“送给”医生一件。

到了15个月时，怕生就基本从孩子心理上消失。这时，幼儿就具有了根据过去的经验来预测未来的能力。

4. 让孩子习惯于见陌生人

孩子对陌生人的警觉处于一种本能。当陌生人靠近他时，他必须有机会好好打量一下陌生人才放心。但接着他就想和陌生人接近，并最终和他交上朋友。当然，他是以自己的方式和陌生人接触的。他可能站得很近，并盯着陌生人；或很严肃地递给来访者一件玩具，然后又要了回去。

许多人似乎并不懂得在孩子打量他们时不要去理睬他，相反，他们急于接近孩子，问这问那，满腔热情。但这种做法往往导致孩子不是立刻躲到父母的身后，就是缩在父母的怀里寻求保护。而一旦发生了这样的事，孩子就需要过很长时间才能恢复与客人友好交往的勇气。因此家长有必要先提醒来访者，若马上就去注意孩子，孩子就会害羞，若暂时先不理他，他反而能早点儿与陌生人接近。

在孩子学会走路以后，父母应给孩子创造大量的机会去习惯见众多陌生人，比如每周带他去几次食品杂货店。要尽可能多带他去有小朋友玩耍的场合。虽然他并不十分想与其他小朋友一块儿玩耍，但有时愿意看着别人玩。当他习惯了观看别人玩耍以后，到了2～3岁时，就会非常愿意和他们一起玩耍了。

第四章
幼儿篇

1~3岁的孩子越来越热衷于探索外在世界的事物，自我意识和独立性开始建立，其个性也逐渐成形。但也经常爱发脾气，对某些事物有恐惧感。在这一时期，父母要做的就是给孩子提供一定的物质条件和活动自由，让孩子在玩耍中进行自我教育，并以适当的方式帮助解决孩子的心理问题。

第一节　自我意识的开始

1. 天生的"小科学家"

幼儿是如何了解外界事物的？与其说这是一个认识论问题，不如说是父母研究的一个课题。许多科学家都提出了这一问题，其研究工作则来自于每天的仔细观察。作为父母，自然也可以在观察自己孩子的过程中获得启示。

科学家们发现，幼儿一开始虽然没有抽象思维能力，但后来却能学会逻辑推理和对事物的发展进行假设，并产生新想法和做出新举动。在3个月的时候，幼儿可能偶然把奶瓶或者哄孩子用的橡皮乳头掉到地上，但在几秒钟之后他惊讶地发现，他掉的东西就在地上。这种事情可能一次又一次地发生，并且逐渐在他脑子里留下印象：地上的东西就是我手里原来拿着的那个东西。一个4个月的孩子可能会开始故意把东西丢到地上，并且发现低头就能看见它；他把东西再丢到地上，发现还能看见。这样，他就一次又一次地把东西扔到地上。

最后，当扔东西的研究圆满结束的时候，他就有了一个见解：如果他刚才见过什么而现在不见了，这个东西肯定在地上。如果地上没有，那就可能它已不复存在了。一直到下一个阶段，即8个月左右的时候，幼儿对物体不灭的理解才开始变得复杂起来，东西不见了以后他开始到处寻找。但在进行这项实验之前，除了他当时能看到、听到和摸到的东西以外，他的脑海里其实什么也没有。

幼儿只是凭借着一种与生俱来的想要认识事物的动力进行探索，正如成人也是在这种动力的驱使下不停地探索的一样。他们仿佛天生就是一个“小科学家”。从1周岁开始，孩子就越来越热衷于探索外界事物。他会去搜索每个角落和每条裂缝，用手去拨弄家具上的雕刻，去摇动桌子或者任何没有被钉住的其他物品，爬到他所能上得去的任何家具上面，把小东西装进大东西里，然后又试图把大东西装到小东西里……总之，他想把什么事情都弄个明白。

像看待其他任何事物一样，对幼儿的好奇心也要从两个方面来看。一方面，这是一种有效的学习途径。在到达下一个发展阶段之前，他们想要弄清楚周围物体的大小、形状和活动性，并对自己的能力进行检验。幼儿的这种不断“探索”行为证明他们在智力上聪慧，在精神上愉快。

另一方面，幼儿的探险行为也使父母在体力上感到疲劳。但父母也要时刻提高警惕。既要让幼儿去探索，确保他们所做的事情对他的成长和发展均有益处，又要确保幼儿的安全，避免受伤。当然，没有人敢保证孩子不受一点儿伤，但如果父母过于谨慎，不让孩子去尝试，就会导致孩子产生胆怯和依赖心理。在一些活泼健康的游戏中，孩子们难免会磕伤，这时只要父母多加留意，并采取简单的预防措施，就可以使孩子免受严重伤害。

2. 认知发育从感觉运动开始

孩子的认知发育是从感觉运动开始的，先后经过实际应用能力的准备阶段、具体应用能力阶段和正常应用能力阶段。最开始，孩子的认知方式与成人有着根本差别，其抽象思维能力正在建设当中。

2岁前幼儿的知识是在运用手、感觉和运动能力的过程中学到的。这就是感觉运动阶段。他们对事物的认识，是以物质世界所发生的事情为基础的，因此他们理解抽象事物的能力仍然有限。但快到3岁时，他们运用概念和抽象理论去理解事物的能力已有很大进步。比如，此时幼儿已经知道，不管他能否看见或者摸到那样东西，它都依然存在。

从感觉运动阶段往后，孩子还要经过三个阶段，即实际应用能力的准备阶段、具体应用能力阶段和正常应用能力阶段，并且每一个阶段都是紧密相连的。对事物的每一新认识都基于前一阶段的认识，而这一新的认识又被后来新的经历和认识这些新经历所需的更好的理论所改变。每经过一个阶段，孩子的能力就增长一点，就能更好地生活在这个充满悬念的世界上，更好地进行思考，创造出更好的想法来。

孩子的这种认知发育使我们有了一个重要的认识，即孩子不仅仅是个“小人”，而且他们理解事物的方法和成人有着根本区别。在他们的认知阶段，是以自我为中心的。虽然这可能使父母恼火，但这种思维方式对幼儿是很正常的。观察发现，孩子有时看上去很不听话，实际上是因为成人没有认识到，自己和孩子对事物的认识存在着根本差别，他们总认为，孩子可以理解更深的东西。

3. 最初的自我意识

当幼儿的自由开始萌芽，他们心里就会产生一种离开父母而独立行动的欲望。尽管父母会因为这种变化而感觉不适，但适应孩子的变化并给予其独立的空间是绝对必要的。

1周岁以前的婴儿不能独立行动的时候，他们只能受大人的摆布。大部分时间里婴儿是愿意受人摆弄，并且很乐意接受这一切的。而长到1周岁左右时，在许多方面就会发生变化：吃饭、走动方式、对世界的理解、想做的事情、对自己和他人的感觉等，一切似乎变得复杂起来。婴儿似乎开始懂得，在以后的生活中他们不再是大人玩耍的娃娃了——他们是有独立思想和意愿的人。

幼儿1岁零3个月至1岁半时的行为表明，他正朝着“可怕的2周岁”迈进，因为2岁是充满挑战性的，令人惊叹和激动的年龄。当大人提出一个并不能吸引幼儿的问题时，幼儿就坚决坚持自己的观点，这是其本性决定的。这就是“个性化”过程的开始，幼儿开始变成一个有自己思想的人，与父母之间的和谐时期也部分地结束了。这时幼儿的自我意识开始萌芽，并逐渐反感被他人控制。

这个时期，幼儿开始用语言或者行动表示反抗，甚至对他喜欢做的事情也是如此。有人把这种现象看做“执拗”。但试想一下，如果幼儿从来不说一个“不”字，情况会怎样呢？现在的幼儿已经越来越聪明，能够做出的决定也越来越多。如果幼儿从不与大人作对，那么他就只好做一个顺从的“机器人”了。这样一来，尽管幼儿学习知识的最佳途径是从尝试和错误中不断吸取经验，然而，他却失去了这样的宝贵机会。他唯一能做的就只是记住父母的教导。

值得庆幸的是，孩子从1岁开始就想离开父母而独立行动了。虽然父母会感到难过，并感到被孩子疏远，在心理上则难以抑制自己不去管他，但孩子的这种独立性对他今后的成长是非常必要的。作为父母，应适应这种变化，果断告别以前那种无条件的特殊纽带关系，转而迎接同孩子之间的更为复杂的关系。

4. 独立性与依赖性

尽管幼儿在1岁时就渐渐表现出一种独立性，想自己去发现新的地方，并且愿意和不熟悉的人交朋友，他们也仍然是需要依赖于父母的。独立性与依赖性在幼儿身上是奇妙地结合在一起的。一位家长曾抱怨说：“每次我一走出房间，1岁的儿子就会哭叫。”这并不是说孩子在养成一种坏习惯，而表明孩子在成长。

我们不妨观察一下，当家长在刷锅洗碗的时候，刚学会行走的幼儿会高高兴兴地玩锅碗瓢盆。不久他就有点厌烦了，并决定“侦察”一下饭厅。他会在餐桌下蹒跚走动，拣起一点儿尘土品尝品尝，然后又小心翼翼地爬起来去够抽屉的把手。再过一会儿他似乎感觉需要找人做伴，因此他又突然爬回厨房。因此不难发现，孩子要求独立的欲望有时很强烈，有时则又需要寻求安全和保护。

再过几个月以后，幼儿在尝试和探险中变得更加勇敢和大胆。尽管他还需要依靠父母，但并非总是这样。他逐步培养起了自己的独立性，然而他的部分勇气来自于他对情况的了解。他知道在他需要安全和保护的时候，他就能够得到。

实际上幼儿的独立性正是来自于安全感和自由感。而有些人却似乎恰恰理解成了相反的意思，他们把孩子长时间地单独留在一个房间里，任凭孩子哭叫着而不去管他，试图通过这种方法来“培养”孩子的独立性。但这种强迫性的处理，只能让孩子讨厌这个世界，最终导致更强的依赖性。

1岁左右是孩子发展的一个分叉路口。只要父母给孩子机会，孩子就会渐渐具有较强的独立性，就会更愿意与人交往、更加自立、更加善于交际。如果家长过于限制孩子的活动，使孩子远离他人，习惯于依偎在父母身旁，这样他就需要更长的时间才能学会与外人交往。最重要的是，要让1岁的孩子与监护人建立一种强烈的依恋。有了这种坚实的情感基础以后，孩子才能最终与他人建立起友好关系。

5. 令人讨厌的2周岁

有人把幼儿2岁的时期称作“讨厌的2周岁”。实际上，2周岁时并非真有那么讨厌，反而是一个非常了不起的阶段。在这个时期，幼儿的自我意识开始形成，并学习成为一个独立的人，语言表达能力也在快速提高。但是毕竟对这个世界的认识非常有限，所以在幼儿的眼里，世界是可怕的。

2周岁的幼儿往往同时具有许多明显矛盾的特点：既有依赖性又有独立性；既可爱又可恶；既大方又自私；既成熟又幼稚。另外，他们还总是处于两个世界中：温暖安逸并且依赖父母的过去世界和充满刺激、独立自主的未来世界。由于许多令人兴奋的事情都发生在这个阶段，所以该阶段无论对父母还是对幼儿都是一个挑战。但是，这并不是一个令人讨厌的阶段，而是一个令人惊异的阶段。

2岁时，孩子在某些方面依赖心理仍然很强。幼儿似乎非常明白谁能给他带来安全感，而且还会以不同的方式表现出来。爱哭，就是一种依赖性很强的表现。一个2岁幼儿如果被单独放在一个地方，就会感到害怕，在晚上就会经常爬出小床，再次回到家人中间，否则他就会在自己的房间里哭闹。如果父母离开他几天，或者搬进一所新房子，都会使他感到心烦意乱。所以，无论家人有多么小的变动，都要把幼儿放在心上，这才是明智之举。

2岁幼儿一般不与其他孩子一起玩耍。虽然他们喜欢看着别的孩子，但在大多数的情况下，他们都喜欢自己玩自己的玩具。他们的脑子里并没有“分享”这个词。他们不会把自己的东西给任何人，而只会说：“这是我的。”但这并不意味着我们需要费力去教一个2岁的孩子懂得“分享”，因为这样做违背了幼儿的天性。孩子在2岁时是否懂得与别人分享和将来他长大后能否成为一个慷慨的人并无任何关系。当幼儿从别的小伙伴那里抢玩具时，父母应坚决而又和气地把玩具拿走，并还给它的小主人，同时马上用另一个使幼儿感兴趣的东西来分散他的注意力。如果为了让幼儿懂得什么叫“分享”而花很长时间去说教，只是白费工夫。只有在幼儿真正明白“分享”这个概念以后，他才能与他人分享。

除此外，从2岁开始，直到3岁，孩子还非常任性，有一种抗拒心理，并且时常紧张不安。实际上早在1岁零3个月的时候，他们就已经开始有抵触情绪了。这种表现仿佛是一种天性，它促使孩子自己做决定，而不允许他人干涉。但他们认识世界的能力毕竟有限，因此在自行做决定和反对外来压力时心里很紧张。这一时期的幼儿往往也不容易友好相处。

6. 3岁孩子眼里的父母

不管是男孩还是女孩，3岁时都会更加关注自己的父母，并从父母身上受到影响，这种影响不仅体现于他们的行为和对自己的期待，也体现在他们今后与妻子或丈夫相处的方式上。

从尚未满周岁开始，婴儿就渐渐探索世界，父母经常陪伴在他们身边，父母的行为方式和言行举止就会潜移默化地影响孩子。一般来说，男孩到了3岁的时候，就能意识到他的目标是成为一个男人，所以他特别注意他的父亲：注意他的兴趣、举止、说话、爱好，对待工作的态度，与妻子、子女的关系，以及他如何与其他男人相处等。

但他并不生来就想在精神上成为男子汉。他之所以希望成为一名男子汉，是受一种外界力量或者信念的驱使，并使他们去模仿成年男子，并按照他们的样子去塑造自己。也只有在他喜欢并且佩服一个男人的时候，他才有可能去效仿他。如果父亲总是对儿子不耐烦或者发脾气，儿子就可能在父亲，乃至在别的男人面前不自信。所以如果想帮助自己的孩子成长为一名有信心的男子汉，父母就不应该向孩子发脾气，批评他，或强迫他去练习体育技能。他应该看到孩子在身旁而感到愉快，让儿子觉得和自己亲如一人。

女孩子对父亲的需要，表面上不像男孩子那么明显，但也同样重要。虽然只是在某些方面模仿父亲，但她们所获得的信心则是来自父母的赞许。为了不使自己感到不如男孩子，她就会认为不管她想不想接受邀请，父亲都可能希望她到后院参加体育活动，一起去钓鱼，去野营，以及观看各种球类比赛等。当她觉察到父亲对她的行为、进步、观点和理想很感兴趣时，她的信心就建立了起来。

当小女孩渐渐懂得欣赏父亲的男子汉气质以后，她就做好了走向成熟的准备。她一生中有一半的关系是和男性建立的，对男人的了解，主要是通过对父亲的观察得到的。比如，这个男人是强硬还是温和？是忠诚还是浪荡？是自负还是幽默？等等。同男孩子和男人建立友谊的方式，她最终爱上的男人的类型，以及她婚后的生活方式等，也都无不受到这一时期父母的强烈影响。

母亲的个性在很多方面都将被心爱的女儿继承。妈妈对当女人、当妻子、当母亲和当工人等的态度，都将给女儿留下深刻印象。母亲与父亲相处的特别方式也将影响女儿未来同丈夫的关系。

对于男孩来说，母亲就是他们第一个伟大的爱人。男孩也将以一种或明显或微妙的方式确定他的浪漫理想。这不仅影响他最终选择什么样的妻子，也影响了他和妻子的交往。

第二节　幼儿智能教育

1. 智能发展概况

这一时期的孩子通常都具有较强的独立性，语言能力开始提高，对世界的理解也进入了一个新的阶段。在智能发展方面，其探索欲望也较前一阶段更强。

1岁的孩子喜欢看简单的故事书，他会重复任何使人发笑的动作。给他穿衣时他懂得举起双手。他明白一些简单又常用的物品的名称，如鞋子、瓶子、洗澡等，可能会说一两句可以理解的话。

15个月的孩子能让你知道他要梳头，他对任何新鲜事物都很激动，并会想帮助父母做一些家庭琐事。

当父母与18个月的孩子一起阅读图书时，他会指着物体如一条狗，一个球，一头牛，他会识别出那是牛并说出“牛”。他将会知道他身体的不同部分，如果问他哪是他的脚，他会指自己的脚；如果问他哪是他的手，他的鼻子，他的嘴巴或是他的眼睛，他也能分别指出；如果要他拿一些东西，他也会拿对。

21个月的孩子会走到父母面前，吸引父母的注意力并把父母带到他所感兴趣的或他遇到问题的事物跟前。他喜欢用铅笔乱涂乱画，将开始懂得并服从简单的要求和提问。

2岁孩子喜欢自己的小伙伴并乐于自己的游戏，也会用铅笔模仿写字而不乱画了。他记住许多熟悉的物品和玩具的名字，并能说一些含义清晰的话，一旦学会了一句话，他可能会不断重复。

2岁3个月的孩子会试用积木建房子和城堡，以及在父母的鼓励下学习新句子。他知道谁是谁，并能说出名字，开始与别人斗智，并可以变得比较喜欢用否定口吻。他经常说“不”，常不按父母的意思去做。

2岁6个月的孩子喜欢帮忙，帮助做家务，把东西放回原处，拿东西放桌子上。他也知道自己的姓和名，能够画水平线和垂直线，并能说出几样常见物的名字。小男孩会意识到他的生殖器官突出他的身体外面，而女孩却不是这样。

2岁9个月的孩子开始提出问题，他知道男孩和女孩之间的区别，会学儿歌并能重复唱它。他会画圆圈，但如果没有父母的帮助则不能画好。

3岁的孩子日益变得会交际，喜欢与小朋友玩。他能懂更多的儿歌，也差不多能将圆圈画圆了，知道一些字的区别，如上面、下面、背面等，同时能说出较复杂的句子。

2. 发现孩子的早期天赋

3岁以前是人生一切智力潜能早期开发的关键时期。一个孩子有无特殊智能，往往在3岁以前就能看出一些苗头。

具有特殊智能的孩子在幼儿期有以下特征：具有音乐智能的幼儿，满月后对各种物体的声音，如钟摆声、洗衣机声、摇铃声等很感兴趣，听到音乐会马上停止哭闹。发音比同龄小孩较早，手指较长，特别是食指和无名指。

百日之内基本上能发出简单的a、i、u、e、o等五个元音节。

1周岁左右能全神贯注地聆听乐曲，并能对欢乐、悲哀等曲调做出反应。

3岁以内基本上能辨别高音、中音、低音音域并能唱歌和自行弹奏乐曲，具有较强的音乐模仿力和辨音能力。

具有舞蹈、体育智能的幼儿，一般表现出活泼、好动、反应敏捷等特征。在力量表现、技巧性、柔韧性、灵活性方面比同龄孩子强。在婴儿期具有翻身早、直立行走较早等特征。特别是具有舞蹈天赋的幼儿，其颈部、腿部、臂部、跟腱部比一般幼儿要长，这是很重要的先天素质之一；具有很强的模仿力和掌握舞蹈技艺的能力；对音乐乐感和节奏感掌握较快。具有舞蹈天赋的幼儿在3岁前就能轻歌曼舞，对电视、电影当中的舞蹈节目，具有浓郁的兴趣，很容易受到感染。能够即兴表演，舞蹈语汇丰富。

具有绘画天赋的幼儿在婴儿期就对色彩、图案、物体形象非常感兴趣，能较长时间凝神注视和观察不同色彩的物体（玩具）。3岁以前不仅能分辨出三原色红、黄、蓝，复色（紫、绿等），而且具有比较强的观察能力和模仿力。有的幼儿还能创作出形象逼真、耐人寻味、妙趣横生的绘画作品来。

如果父母在发现孩子具有特殊智能的同时，能循循善诱、适当引导和热情培养，那么孩子就有可能成为具有特殊智能的专业人才。

3. 智力开发的四个原则

智力开发的四个原则是建立在对孩子的实际观察基础之上的方法总结，它强调尊重孩子，重视学习时机，尊重孩子的兴趣，让孩子在兴趣中吸收外界信息，并适时表扬孩子，给孩子提供一个利于其发展技能的环境，在生活中逐渐培养出一种较强的综合素质。

（1）激发兴趣原则

兴趣几乎是幼儿“唯一的老师”。他们往往会拒绝兴趣以外的一切教育，对引不起兴趣和厌倦的事就关闭注意的“门户”，封锁记忆的“仓库”，停止思维和想象的启动，甚至还会哭闹。而相反，如果孩子对某些事敏感，感受到趣味，有了新鲜感和好奇心，他会不分是难是易，不管重要不重要，也不管理解不理解，都能无意识或有意识地逐步记忆，渐渐领悟和掌握。他无需“苦学”，就能像学好母语一样精确地获得理想的发展。

（2）积极暗示原则

幼儿没有主见，毫无判断能力，只是接受环境以及人们的行为和语言的影响而成长着：他们是环境的产物，环境塑造着他们的个性。因此父母必须坚持利用环境、行为和语言积极暗示孩子，使他产生认同；不要使用任何消极暗示和影响。坚持正面鼓励为基本教育方法，培养起他们的自尊心、上进心、自信心、同情心等，保证全面发展和充分发展的健康心理品质。

（3）化难为易原则

在人才成长的路途上会有许多学习的难关，将来越是发展困难的事物，越要早学，提前让孩子接触，这是化难为易的最佳办法，是一条全面而充分发展的捷径。例如，上小学以后，人人都会觉得学外语难，学识字难，学乐器、游泳、滑冰等难，但幼儿不知道难，也不怕难，他们心中只有兴趣和无兴趣之别，只有喜欢和拒绝之分；而丝毫没有困难和容易，怕学和不怕的概念。所以任何将来会学得比较困难的事，变着法儿逗孩子产生兴趣，他会像学说话、学走路那样容易接受。

（4）日常生活原则

丰富的生活和游戏活动是早期教育的最好课堂，是幼儿的主要课堂。

这是孩子的生理特点和心理特点决定的。第一，他们身体正处于生长发育最迅速的阶段，需要活动神经、筋骨和肌肉，不能坐太长的时间。第二，他们处在无意注意占极大优势的阶段，总是随时转移注意力，不能像上课一样用强制办法按教材章节上课。第三，对幼儿来说，生活中的学习内容已经太丰富了，处处都有信息，处处都有乐趣，处处都能感受。他们以五官感知世界为最大满足，玩就是最有兴趣的学习，有效的学就是快乐的玩。

4. 四种能力的培养

观察能力、记忆能力、想象力、思维能力，是人最基本也是最重要的四种能力。父母应注意引导，使孩子的这四种能力得到充分发展。

（1）观察能力

培养孩子观察能力的方法是，孩子看见什么、听见什么、触摸什么就应告诉他什么，用简短、清晰的语言介绍事物的名称、特征、用途。例如认识各种玩具、家具、餐具、小动物等，从孩子感兴趣的事物开始，使他认识的东西越多越好。只要能引起孩子的注意，衣食住行、鸟兽虫鱼、花草树木、日月星辰，乃至生老病死都应当教，使他认识的事物越来越多，表达越来越丰富，好奇心就会越来越强。在培养孩子观察力时，父母应注意多提问题，或留意孩子的问题，并做出清晰简明的回答。

（2）记忆能力

幼儿的记忆和注意一样，以无意记忆为主，他们对鲜明的、形象生动的、新奇的、自己喜欢的事物，就能无意中记住，有的甚至能终身不忘。如带孩子到动物园玩以后，他谈得最多的可能是大象的鼻子是怎样的，怎样卷东西吃，怎样把水吸起来喷出去；猴子怎样跳来跳去，等等。而对公园的树、草却没有留下什么印象。

幼儿的机械记忆比较好，他们对不理解的东西常常也能记住，并用自己的理解来解释它们，所以常常记错，曲解原意；有时他们还用自己已懂的词句，去替换他们不懂的词句。由于不理解，常出现这样那样的差错。要仔细听他发音是否准确，对一些生疏的词是怎样理解的。如果不懂，要想法向他们解释清楚，不要死记，要在理解的基础上记忆。所以父母要掌握幼儿记忆的特点，让孩子记的东西尽量形象，是他们感兴趣的，让他们在愉快的时候记。教孩子记忆，应从简单的知识开始，逐步加入深奥的知识，让孩子接受起来，既不觉得吃力，又要有一定的难度。

（3）想象力

幼儿想象的内容简单，一般是他自己生活的翻版，往往和具体行动结合，没有预定的目的，边玩边想象。而且孩子的想象没有预定的目的，受当时事物的影响比较大。想象比较被动，主题也不稳定。由于幼儿以无意想象为主，所以常以想象过程为满足，因此，家长在培养幼儿想象力时必须了解幼儿想象的特点，做到有的放矢。

其一，积累知识，丰富想象。父母应让孩子尽可能多读读画册、小人书，欣赏奇花异草，有选择地看一些电视、电影，使孩子知识广博、表达丰富，想象力也自然会丰富。

其二，鼓励幼儿的想象。幼儿善于想象，但有些父母在幼儿心理活动、思维发展尚未成熟阶段，对于孩子天真烂漫的想象不但不给予支持，反而横加干涉，进行压制，认为孩子是“想入非非”。幼儿的丰富想象，有助于他们精神的集中和自学能力的增强，以及创造才能的提高。因此父母应鼓励孩子的想象活动，并创造发挥想象的条件。

（4）思维能力

1岁以后，孩子虽然开始有了思维活动的萌芽，但那还是很简单的，是从事物的最突出的外部特征来概括事物的，因而常出现可笑的错误。例如，成人第一次是用红色的玩具船教会孩子“船”这个词，以后让孩子在各种玩具中把船找出来时，孩子会把红色的船及一些别的红色玩具都找出来，而不去拿绿色的船和其他东西。

2岁以后孩子才开始能根据事物的一些比较稳定、重要的特征来对事物进行概括、分类。例如，知道玩具是指那些可以玩的东西，如积木、布娃娃、球等；但2岁幼儿的思维仍是极其肤浅与直观的，如知道船是能浮在水面的，就把一切丢在水面漂浮的东西都叫做船。3岁前孩子的思维还有一个明显的特点，那就是他们只有在直接感知事物或进行某些行动的过程中，才能产生一些简单的思维活动，他们是不会先在脑子里想一想要做什么或怎么做的。

因此，培养幼儿的思维能力必须切合幼儿的实际状况。

其一，丰富感情认识。1岁以后的幼儿，随着语言的发展，开始出现简单的思维活动；1～3岁的孩子，能通过活动来思考自己接触到的事物。此时，应注意将日常生活中发生的事情，随时随地告诉他们，启发他们去思考，才能通过观察产生思维能力。

其二，启发幼儿思维。父母应将幼儿容易看到、摸到、听到且易回答的问题和现象，多向幼儿提问。提问时可采用游戏或激将或实践的方法，引导他们动脑筋寻找答案。在幼儿求知欲旺盛而受到挫折时，父母应该以温和的态度，让孩子再想一想，问几个为什么，并加以引导，这样既不损害幼儿的愉快情绪，干扰思维的进行，又能真正达到促使幼儿积极思考的目的。

其三，训练幼儿的思维能力。幼儿思维能力的训练，就是要使幼儿对事物作出正确的分析、综合、判断和推理，它与语言能力的强弱密切相关，因为幼儿掌握了语言，可以与大人交流思想，学习各种知识，积累各种经验，从而使幼儿思维发展有了得力的支柱。因此，可让幼儿讲故事，培养孩子系统连贯的口语表达能力，同时也就训练了思维能力；还可以通过做智力游戏，使思维能力得到提高；多同孩子交流，谈话可以在孩子与父母的共同活动中随时随地进行，得当的话语能刺激幼儿去思考，从而发展其思维能力。

其四，鼓励幼儿独立思考。随着年龄的增长，幼儿具有一定的思维能力，这时要让幼儿学会用自己的眼、耳、手去辨认事物，探索和了解周围事物的因果关系，提高他们的观察力和思维能力。同时，应为孩子准备多种用途的玩具材料和游戏条件，指导他们尽心地玩耍，独立地解决问题和完成任务。

5. 培养幼儿的独立性

孩子在开始独立面对外在事物时，无法完全正确地认识和对待事物，父母一方面要给予孩子自由活动的空间，同时对于孩子的某些行为也要及时制止。

当幼儿学会走路以后，父母就应该在每次外出时把孩子从婴儿车上抱下来走一走。不过通过观察发现，有些幼儿到了1岁半的时候，还愿意待在婴儿围栏或婴儿车里玩耍，有的孩子则在9个月时就厌烦了围栏或婴儿车，仿佛它们是个“牢笼”似的，但这毕竟是少数，多数幼儿都愿意在里面玩，并能一直玩到会走路的时候为止。

父母要做的就是观察孩子的表情和动作，当孩子感到不耐烦的时候，就不要让他继续待在围栏或婴儿车里了。当然，这并不说只要孩子有一点不乐意，就赶快把他抱出来，因为如果他能有一件玩具，他就会又高兴地玩了起来。从喜欢到不喜欢在幼儿围栏里玩耍，是需要经历一个过程的。一开始的时候，孩子讨厌围栏只是因为在里面待得太久，之后才逐渐地缩短了愿意待在里面的时间。孩子一点儿也不想进去的时候通常都需要几个月的时间。无论在什么情况下，只要孩子在里面待够了，就应该将他放出来。

孩子被“解放”出来之后，父母也不要怕孩子弄脏了衣服，最好领他去一个用不着大人随时跟着的地方，或者去一个他习惯去，而且有其他孩子玩耍的地方。如果他拣起一截香烟头，家长必须立即把它扔掉，并且给他其他有趣的东西玩。千万不要让孩子吃沙子或者泥土，因为这些东西会刺激肠道，甚至会使他的肚子里生虫子。如果孩子非要把东西往嘴里放，不如给他一块饼干或者一件可以啃咬的玩具，使他的嘴不闲着。

这些便是该年龄段的孩子寻求独立时遇到的风险。虽说把一个体格健壮、会走路的孩子“禁闭”在小车里可以避免麻烦，但是这样会限制孩子的个性发展，使孩子萎靡不振。

6. 布置一个玩耍的房间

1岁之后孩子已经学会了走路，这时就应该让孩子到地板上玩耍，而不适合继续待在小床上或者围栏中了。有的父母或许不太同意这一看法，在他们看来，孩子很可能会受伤，或容易把屋子搞得乱糟糟。

但孩子是迟早要下地活动的，当孩子还未满15个月时就应该这样做了。当然，孩子即使满15个月，也不会变得更懂道理或更听话。对于父母来说，这就需要一个适应的过程。在这一过程当中，如何既让孩子能自由活动，又能防止他受伤，或弄坏家具物品呢？

最简单可行的方法就是，为孩子整理出一个房间，让孩子在里面自由活动，并保证孩子能拿到的大部分东西都可以玩。这样，家长就不用告诉孩子什么可以玩，什么不可以玩了。否则，如果家长不允许孩子碰他能拿到的东西，就会使自己和孩子都气恼。如果孩子有很多东西能够到，他就不会非要去够那些他够不着的东西了。比如说，父母应要把那些易碎的东西如烟灰缸、花瓶、小装饰品等，从矮桌和架子上拿走，放到小儿够不到的地方。在厨房里，可以把炊具和木制的小勺等放在靠近地板的架子上，而将瓷器和食物放在孩子看不见的地方。把衣柜底部抽屉里装些旧衣服、玩具和其他有趣的物品，让孩子自己去发现，去翻弄，以满足他的好奇心。

7. 在模仿中学习

孩子渐渐模仿他们的父母，包括做事的方式和行为举止，这一过程有时被称做“成长定向”，它的意义就在于：与单纯的模仿不同，它基于一种理解过程。这种模仿能影响孩子个性的形成。

儿童快到2岁的时候，对模仿别人的兴趣就越来越浓厚。他们最喜欢模仿父母刚刚做完的事，比如打扫房间、洗盘子及刮胡子。在一家诊所里，曾有一个2周岁的小女孩认认真真地用听诊器的探头试探自己胸部的各个部位，然后又戴上耳塞，可是她什么也听不到，因此便流露出困惑的表情。在家中，小女孩跟着大人到处转——父母扫地时，她也拿起扫把扫地；父母擦桌子时，她也拿起一块布来擦；大人刷牙时，她也拿起牙刷刷牙。这一切她都做得极为认真。通过反复不断地模仿，小女孩在技能上和理解力上均有了很大的进步。

到了3岁，孩子的表现似乎在告诉我们，他们想在各个方面都像父母那样。比如，他们做过家家游戏——去上班、做家务（煮饭、打扫卫生、浆洗衣服）和照料孩子等（利用布娃娃或者再小点的孩子）。他们甚至穿上父母的衣服，模仿父母的谈话和举止。

成长定向的意义远远大于模仿本身，因为孩子需要首先去理解父母，然后才能模仿，并最终慢慢地使之成为自己的特点，即儿童对工作、对他人和对自己建立起来的基本理想和观念。当然，这种基本理想和观念在孩子的成熟和懂事过程中不断加以修正。儿童就是这样学会了做父母那样的人，并且在20年后明显地表现出来。这一点仅靠父母的教诲是办不到的。其实，他们成年后的个性从他们小时候照料布娃娃时所使用的语言上就能看出来，比如，他们是充满爱心地对布娃娃说话呢，还是总是责怪它。

另外，这一年龄的小男孩意识到了自己将长成男人。因此，他主要模仿爸爸的方式去做事。比如爸爸是如何对待自己妻子的，如何对待一般女性，如何对待其他男人，如何对待儿子和女儿，如何对待外面的工作和家务活。

同样，小女孩在此时也更清楚地认识到自己是女性，长大后将成为一个女人。所以她特别注意观察妈妈，总是把自己塑造成妈妈的模样。比如，妈妈如何对待自己的丈夫（像对待有地位的人那样呢，还是像对待小人物或者亲密的伴侣那样）、如何对待一般的男性、如何对待女性（知己的女友或者竞争对手）、如何对待女儿和儿子（是偏爱某一性别的孩子呢，还是都一样爱他们）、如何对待工作和家庭（更重视家务呢，还是更重视事业）。小女孩虽与母亲有区别，在许多方面却无疑受到母亲的影响。

8. 简单的玩具就能吸引孩子

许多人似乎都有这么一个看法，即玩耍是娱乐，做作业是职责，而工作则是苦役。实际上，对于孩子来说，玩耍不仅是娱乐，更是一项重要的工作。当然，这种工作显然没有苦役的意思，其内涵的主要方面，指的是孩子的自我教育。因此无论孩子是在模仿自己的父母，还是在玩积木、假扮飞机或学跳绳，我们都最好不要认为这些仅仅是孩子的消遣活动，与做家庭作业等严肃的事情截然不同。

儿童通常喜欢简单的玩具，而且能玩较长的时间。这并不是因为儿童头脑简单，而是因为他们有着很丰富的想象力。例如，有两种大不相同的玩具火车：一种是用金属做的，上了漆，跟真的一样，并且能在模型轨道上跑；另一种则是由可以拼接起来的单色平板木块组成。对那辆很逼真的玩具火车，年纪尚小的儿童所能做的也只是在地板上推着一节车厢走。要把所有的车厢都放到轨道上或者把它们连接起来，对他们来说是很难做到的。他们甚至不知道把车盖掀开，往车厢里放东西。由于得不到乐趣，他们玩了一会儿可能就不想玩了。而那些由木块组成的车厢就不同了。儿童可以把木块摆成一排，然后欣赏他们的杰作——长长的火车。然后他们可以把小木块堆在车上，把叫它货车，并用这辆车来送货。如果在地上玩腻了，他们或许会把木块当成小船，或把它们摆成一艘拖着一串拖船的驳船。这样，想象力就可以使他们饶有兴趣地玩下去而不觉腻烦。

有的家长似乎认为复杂的玩具可以激发孩子更多的兴趣，实际上就算拿着纸板，他也能玩儿出花样来。孩子可以把它变成一张床、一所房子、一辆卡车、一辆坦克、一座堡垒、一座玩具小屋和一间车库。因此，不要把自己没给孩子买过很好的玩具这件事看得太重。家长最好先给孩子买简单的东西。当发现孩子确实喜欢的时候再买比较贵的玩具。

1岁至1岁半左右的孩子非常喜欢把一件东西放到另一件里面，或把东西拉来推去地玩。可以安上轮子或带有孔眼的积木，是孩子最喜欢的。哪怕只是一个系着绳子的简单盒子他们也喜欢。孩子对积木的兴趣是保持不了太久的，而对锅、盆以及汤匙等能保持很长时间的兴趣。值得注意的是，并不是每个孩子都喜欢布娃娃和毛茸茸的小动物。

到了2岁以后，孩子的想象力变得更富有创造性了。在这一阶段，他们变换各种方式玩小家具、小汽车以及各种积木。他们把积木竖着一个压着一个地摞起来，并它叫做帝国大厦。他们也可能把积木首尾相接地连起来，把它叫做火车……他们因为具有丰富的想象力，因而能玩出更多花样来。

9. 孩子有自己的方式

在儿童玩玩具的时候，家长可以参与其中，但最好不要按照自己的思维方式去引导孩子。许多成人都常常情不自禁地把游戏搞得太复杂，并且在态度上似乎比较粗暴，没有注意孩子的感受，也没在意孩子对事物的理解程度。

曾有一对父母给孩子买了一个布娃娃，并带着一衣柜娃娃衣服。在给娃娃穿衣服的时候，父母总想把它打扮得漂漂亮亮的，而且总是先给它穿内衣。但是小孩就有可能想先给它穿红色的外套。

有一位母亲给生病的女儿买了一盒蜡笔和一个描图本，孩子拿起一支橙色蜡笔就在一页纸上来回涂。她既不按照本子上的描图线来画，也不担心把天空和草都涂成橙色。这时，做父母的就很容易对孩子说："不对，不是那样的。你应该这样画。"

还有一位父亲从来没有玩过火车，在圣诞节他给3岁的孩子买了一套玩具火车。父亲迫不及待地要先玩，所以就把车轨安装起来。可是孩子已经抓起其中一节车厢，并要把它投向对面的墙上。"别扔！"父亲喊道，"你要这样把车放在轨道上。"于是，孩子就顺着轨道把车推了一把，车就在转弯处脱轨了。"不对，不是这样推，"父亲又说，"你应该给火车头上紧发条，让车头拉着车跑。"可是，可怜的孩子没有力气，拧不动发条，也没有把车放到轨道上的技巧，而且小孩也并不在乎真实的情况是怎样的。父亲由此而变得极不耐烦。十多分钟以后，孩子也就对锡制的玩具火车产生了强烈的厌恶感。

由此可见，在玩玩具的时候，千万不能催促或指责孩子，否则会让孩子觉得自己无能。如果父母试图让孩子早些学会玩某些玩具，就应该按照孩子的智力水平和方式跟孩子一块儿玩。这才能让孩子玩得愉快。要让孩子告诉你该怎么玩，要等他们需要你帮忙的时候才帮助他们，千万不要粗暴地干涉和纠正，更不能越俎代庖。如果孩子得到了一个非常复杂的玩具，建议家长别管孩子玩的方法是否正确，尽管让孩子用自己的方式去玩。

10. 欣赏音乐

人从出生的时候起，音乐就是其生活中的一部分。世界上任何地方都有唱给婴儿的摇篮曲，而且所有的文化都有自己的本土音乐。对于儿童来说，音乐的重要性不仅仅局限于满足他们的听觉需要。科学家们惊奇地发现，上过钢琴课或者唱歌课的幼儿园的孩子能更好地完成迷宫游戏、画几何图形和临摹图案等。这些儿童甚至可能在数学和推理能力方面比那些没有受过音乐训练的儿童更具优越性。

那么，这里藏着怎样的秘密？从生理学的角度来看，我们知道音乐主要由大脑的右半球来处理，而这里恰巧又是空间识别与理解能力、数学能力和推理能力的所在区域。在很小的时候，音乐可以为右半脑提供一些锻炼的机会，而这种锻炼对右半脑更好地发挥作用很有益处。大脑的成长和发展受早期经历的影响，这就是又一个例子。

这些发现的实际含义既清楚又有趣：孩子刚出生几个月就开始听音乐了。在婴儿期，这音乐可能是父母抱着孩子唱的歌，或者是当婴儿躺在婴儿床里的时候，父母放的录音带。孩子长大一点儿的时候，父母可以和孩子一起玩音乐游戏，给孩子一个玩具钢琴或木琴让他敲。如果孩子平时由保姆照顾，那就必须把唱歌和跳舞列为每天的活动计划。

孩子到了上学的年龄以后，父母可以考虑让他在学校或者在家里学音乐。但不要忘记弹奏音乐的能力是一种天赋。一些儿童天生就比其他孩子更有音乐天才。要鼓励孩子玩他喜欢的任何乐器，但孩子决定不想练习音乐演奏时也不要勉强他。父母应试着让他学学跳舞或唱歌，尽量避免把上音乐课的问题升级为孩子与家长之间的斗争。

怎样让儿童在早期学会欣赏音乐呢？有一个很好的方法就是参加学习班。在那里儿童可以学习集体演奏。这种集体精神使他们始终保持着对音乐的热情。而独自一人学习音乐则需要孩子有一种内在的决心去克服较大的挑战，但是许多儿童并不具备这种决心。

让孩子学会欣赏音乐的最好办法，就是让音乐成为家庭日常生活中不可缺少的一部分。例如与孩子一起去听音乐会，跟着汽车上的收音机一起唱歌，或者每当有情趣的时候在家里跳舞。这种活动将在多方面有益于他以后的生活，并且让他终生受益无穷。

第三节　心理成长与教育

1. 以爱心哺育孩子的成长

孩子在3岁之前最容易受到影响，尤其容易受到父母或其他监护人的态度的影响。在过去的年代里，有的孩子在人手不足的孤儿院度过，或者在日托幼儿园里整天躺在摇篮里没有人管。这些孩子往往身体瘦小、智力低下、情绪萎靡，而且一直也没有完全康复。

相反，如果孩子靠的是父母充满爱心的热情哺育，或别人的热心帮助，他就会茁壮成长。父母给予孩子的爱是可以看见的，比如，看见孩子有了进步而感到自豪，为他精心选择玩具，解答他的问题和看着他尽情地玩耍等。父母还要给孩子读故事，看图画。这种态度和活动能促进孩子的情感发育和培养孩子的聪明才智。

孩子今后将成长为乐观主义者还是悲观主义者？将富有爱心还是冷漠无情？这些在很大程度上都取决于2岁前父母或其他监护人对他们的态度。

有的父母基本上把孩子当做坏孩子对待，总是怀疑他们，批评他们。这样教育的孩子长大后就会怀疑自己，总觉得自己不对。一个敌视别人的人总能找到各种理由迁怒于孩子，孩子也会形成相应的敌视态度。还有的人喜欢统治孩子，让孩子彻底就范。孩子在头一年主要依赖大人对他们的留意，如果成人对他们麻木不仁或不去理睬他们，他们就可能在某种程度上变得冷漠或者忧郁。

2. 如何让孩子不随便碰东西

对一个1～2岁的孩子来说，很难让他不去碰某些东西。而父母仅仅命令孩子“不要动”是远远不够的。即使往后，父母也需要语气严厉、多次重复并且说话算数。只有等到幼儿懂得父母说话算数的时候，父母才可以真正通过命令来告诉孩子什么不可以动。1～2岁的孩子没有判断能力，所以父母不要呵斥孩子。父母应记住孩子的天性会促使他去继续探索，同时又会在命令面前犹豫不决。

举例来说，在家长发出“不许靠近台灯”的禁止命令后，很可能出现的一个情况是，孩子仍会向台灯靠近，并偷看父母发火的程度。聪明的做法是，在孩子头几次朝台灯走去时，父母迅速走过去，把孩子拉到房间的另一端，同时告诉他“不许动”。只有这样才能让孩子明白“不许动”的含义。之后，别忘给孩子既安全又有趣的玩具。

那么，过几分钟以后孩子又走近台灯怎么办？父母仍然要坚决、果断、愉快地再一次把他拉走，并同时对他说：“不许动”。为了加强这一次行动的作用，父母可以陪孩子坐几分钟，教他如何玩一样新东西。如果必要，这次可以把台灯放在高处，或者把他领出房间。家长要坚持高兴地告诉孩子，台灯绝不是他能玩的东西，不能给孩子选择的余地。家长也不要和孩子争论，更不要表情愤怒或一味地责备。因为这些做法不仅不会起到什么作用，还会导致孩子易怒。

也许某些父母会说：“如果我不教育他玩台灯是一种淘气行为，他是不会懂的。”但事实并非如此。只要我们以实事求是的态度来对待，孩子是很容易接受教训的。如果父母只是在房间的另一端伸着指头命令孩子，而他还不懂“不许动”是什么意思，父母的态度就只能触怒他，使他冒险一试！另外，如果家长抓住孩子，面对面地训斥，也没有什么好处，因为家长没有给孩子留下一个有体面的让步的机会，或者忘掉这件事的机会。所以孩子在这种情况下能做出的唯一选择就是要么屈服，要么反抗。

例如，曾有一位夫人认为她那16个月大的小女儿太“淘气”了。有一天，她的女儿蹒跚地走进了房间，她立刻不乐意地对小女儿说：“记住了，不要去动收音机！”本来这个小女孩根本没有想到收音机，这下可提醒了她，她转过身来，慢慢朝收音机走去。

当这位夫人的每一个孩子表现出独立、自由的迹象时，她感到尤其恐慌了。她害怕她将再也不能管得住这些孩子。正是由于她的忧虑不安，导致她对本来不必担心的事而担心。

当孩子朝着火炉走去的时候，这时父母应该怎么做？如果父母只坐在那儿用一种不赞成的口气喊着“别去”，那就不太可能阻止孩子。正确的做法是，立刻跑上去把他领走，而不是和孩子较量意志。

父母既不要过多地干涉幼儿做什么，也不要催促他做什么。当幼儿特别想要自己脱衣服或者穿衣服时，家长就应该放手让他自己去做；幼儿洗澡时，父母应尽量让他有充足的时间在澡盆里玩耍；吃饭时，要让幼儿自己吃，而且不要催促他，吃饱以后就不要再让他留在饭桌旁了；到了该睡觉、该外出散步或者该回来的时候，都要让孩子按照大人的要求去做。但不能惹怒他，而要多说些有趣的事情来引逗他按照大人的话去做。要记住的是，我们的目的既不是娇惯放纵孩子，也不是要把孩子累坏。家长要制订一些严格的规矩，但是要仔细考虑这些规矩的适用范围。如果家长一味地妥协，孩子就会被宠坏。

3. 怎样避免孩子发脾气

1～3岁的幼儿已经有了对个人的愿望和个性的意识，当他们受挫的时候，就会认识到并因此生气。一位叫佩特尼亚的小女孩在1岁时就开始和父母作对。到了2岁半时，竟然和自己也过不去了。她常常绞尽脑汁地决心去做一件事，可是马上就会改变主意。从她的表现上看，好像有人总在指挥她干什么。然而，根本没有人命令她，反而有时却是她在指挥别人。她总是坚持按自己的意愿和方式做事。谁要是干涉她，她就异常气恼。甚至别人帮她收拾收拾东西也不行。

他们一般不会去攻击干涉他们的父母，他们好斗的本性也还没有得到很好的发展。当孩子感到怒不可遏的时候，他所能想到的只是把怒火发泄到地板和他们自己身上。他们会猛地倒在地上，一边号叫，一边拳打脚踢，甚至用头撞地面。

孩子偶尔发一次脾气并不意味着什么，因为孩子难免会受到点儿挫折。如果孩子经常发脾气，则可能是由于疲劳或者饥饿，也可能是因为家长要求他们做超出他们能力的事情。如果孩子是由于这种原因发脾气，家长可以忽略表面现象，而去解决内在问题，比如问孩子："累了吧？如果是肚子饿了，咱们就去吃点东西？"如果孩子吃完东西以后就想睡觉，他的感觉显然好多了。

事实上，孩子频繁地发脾气大多是缘于父母还没有掌握灵活对付这种行为的窍门。如果孩子频繁地发脾气，父母不妨考虑下面几个问题：孩子是否有机会出去玩？他玩的地方有没有可以推、拉和在上面爬的东西？他在家里是否有足够的玩具和家用物品可以玩？屋里的东西是否都能防止孩子乱摸乱动？是否只让他把衬衫穿上，而不是帮助他穿上，而且什么话也不和他说？当你不得不打断他的游戏让他回屋或吃饭的时候，你是直接阻止他呢，还是先使他把注意力转移到愉快的事情上去？当你发现孩子即将发脾气时，你是严厉地径直面对呢，还是把孩子的注意力转移到别的事情上去呢？

作为父母，当发现孩子即将发脾气的时候，要尽量帮助孩子去克服它。

但父母一定不能屈服，不能温顺地对待孩子，任其随心所欲，不然孩子以后就会故意发脾气。也不要跟孩子争辩，因为孩子根本不想认识自己的错误。父母自己生气，也只会让孩子继续闹下去。因此父母应该给孩子一个体面的台阶下。如果父母不知不觉地从孩子身边走开，像平时一样地去忙自己的事情，就像他们根本就没有感到心烦一样，有的孩子就会很快平静下来。

还有的孩子脾气很倔强，自尊心也很强。这样的孩子可能会哭闹个不停，乱摔东西，直到他的父母向他做出友好的表示才肯罢休。当孩子这场怒火的高峰期过去以后，家长就应该来到孩子身边，提议做一件有趣的事情，还应该拥抱一下孩子，以表示愿意为刚才对他的冷落做出补偿。

如果孩子在人来人往的人行道上发脾气，这可能使父母难堪，但父母这时应和颜悦色地把孩子拉到一个安静而有趣的地方。在这里，父母和子女都能慢慢平静下来。

4. 孩子为什么喜欢咬人

1岁左右的婴儿有时可能会咬父母的脸颊，这是正常现象。他们长牙的时候就是想咬东西，而且在感到疲劳的时候更想咬东西。

对于一个2岁到2岁半的孩子来说，无论他是出于友好还是出于生气，如果他咬了另一个孩子，这也没有什么。这个年龄的孩子感到气馁的时候，或者有什么愿望的时候，都不能用语言表达心情，因此他们就只好用咬人等原始的方式。此外，他们还不会设身处地地为受害者着想，甚至连自己的行为能给对方造成多大的伤害都意识不到。因此，父母或者其他照料孩子的人应该严厉地对他说："会痛的。不可以！"同时，赶紧制止他。这样做的目的只是让他知道，他的这种行为会让他人不高兴。即使他还理解不了，父母也要这样做。

到了3岁的时候，孩子咬人的现象就会减少或消失，因为这时他们已经学会了用语言来表达自己的愿望或者发泄自己的无所适从感。这时他们也能更好地抑制自己的冲动了。但是，如果孩子到了这个年龄还继续咬人就值得注意了，因为它可能反映了一个严重的问题。我们必须弄清楚这是不是因为孩子与其他孩子不来往所致。父母应想一想孩子多长时间咬人一次，以及孩子在其他方面的表现如何。如果他多数时间都显得神经紧张或不高兴，总是毫无道理地咬人，这就说明有问题存在。问题或许来自受到的约束太多，因而变得暴躁和高度紧张；或许是因为他很少有机会去熟悉其他孩子，因此就认为他们对自己有危险或者有威胁……如果孩子咬人只是众多的寻衅行为、令人烦恼的行为之一，那么，它就仅仅是一个更大的问题的症状。这时，父母应该注意的是那个大问题，而不仅仅是咬人的问题，并及时向医生、保育护士、顾问、朋友或有类似忧虑的其他父母咨询。

不过也有这样的孩子，他们在许多方面表现得很好，有一天却突然像晴天霹雳一样意外地咬起人来。这种情况是儿童正常发育阶段中的一个寻衅行为，而不是什么心理问题的症状。尽管大多数父母担心孩子长大后成为一个残酷的人，咬人通常也只是发育阶段中的暂时性寻衅行为，而且即使是最温顺的孩子也可能经历这一过程。

5. 如何防止孩子咬人

如果父母发现自己的孩子咬人，除了及时向医生、保育护士、顾问、朋友等人咨询外，还可以采用一些策略来减少这种行为。

父母首先要做的，就是在孩子开始咬人之前就去防止它。那么发生的时间可以预测吗？如果可以预测，大人在这段时间对孩子进行监视通常能收到较好的效果。

同时，在孩子表现好的时候，一定要给予热情的肯定和鼓励。如果孩子的无所适从感在明显地加剧，就要想办法再把他的注意力引到一项活动中去。如果孩子已经能够明白事理，父母可以另找时间和他谈一谈这个问题，让他想一想被人咬了有多痛，以及当他想咬人的时候是否有别的办法可以制止自己。

如果咬人的事情已经发生，父母必须严厉地教训孩子，让孩子知道父母有多生气，并告诉他不许再咬人。然后，父母可以和孩子一起坐几分钟，让他慢慢消化这一教训。如果他试图走开，那就抓住他的手或抱住他。要避免对他进行长篇大论的说教。

被孩子咬过的父母或许会问，他们是否也应该反过来咬孩子？实际上，如果父母既友好，又负责，孩子就理应被管好，而根本不用采取咬、打和喊叫等方式。此外，如果父母真的去回咬，或打一个非常小的孩子，孩子就会把它作为一场打斗，和你对咬下去。孩子会认为，既然父母都可以这样做，他也完全可以这样做。所以，当发现他又想咬人的时候，只能往后退以防再次挨咬，总之要让他清楚地知道你不愿意也不允许他咬人。

6. 孩子害怕父母离开

幼儿在1岁左右时，会有一种害怕与父母分离的心理；2岁至2岁半时，虽然不再那么惊慌沮丧，却会产生严重的焦虑。孩子往往不是采取某种方式“惩罚”父母，就是利用“害怕孤独”来缠着父母。

许多正常的幼儿在1岁左右时，都有一种害怕与爸爸和妈妈分离的心理，这表明幼儿对寻找安全感的程度有了新的认识，即在父母身边就感到安全，能得到保护。

我们经常可以遇到这样的情况。一个很敏感而且依赖性很强的2岁男孩，突然必须和父母分手。比如，因为妈妈突然要外出几周，让一位陌生人照看孩子。一般来说，母亲不在的时候孩子并不会哭闹，当母亲回来以后，孩子就会紧紧地在妈妈身上。每当想到妈妈会再次离开，他就会惊慌失措。

到了2岁至2岁半，当父母离开时孩子不再那么惊慌沮丧了，但之后会突然产生严重的焦虑。如果爸爸或者妈妈因急事离开，把他转交给保姆照看，那么在父母走的时候，孩子还表现不出明显的沮丧，他可能好像很喜欢保姆。但一旦父母回到家，孩子的焦虑就会全部爆发出来。孩子会冲上去缠着他们不放。而且只要妈妈一走进另一个房间，他就会惊恐地大哭起来。他不再让保姆为他做任何事情，不让保姆靠近，甚至粗鲁地排斥她。睡觉的时候他将紧紧地挨着妈妈或者爸爸，生怕被放进他的小床里。如果父母最终把他放进小床后离开他，他就会毫不犹豫地从小床上爬下来，在爸爸或者妈妈后面追。如果父母成功地让孩子待在小床里，他也会整夜不睡。当妈妈回来的时候，孩子还可能采取不认妈妈的方式来“惩罚”妈妈。

而孩子之所以缠着父母不放，也是因为他害怕父母离开。当孩子发现妈妈因为担心孩子害怕而总是想办法来安抚他的时候，孩子就学会了利用这一点来牵制妈妈。比如，有一些3岁孩子到幼儿园以后怕父母离开，他们的父母便不得不在幼儿园形影不离地陪他们好几天，而且孩子叫他们干什么他们就干什么。结果没过多久，这些孩子就开始夸张地表现他们的不安心情，因为他们已经学会利用这种手段将父母指使得团团转。

但害怕离开父母的孩子都是相当敏感的。如果父母每次离开孩子时表现出犹豫或难过的样子，或夜里父母一听到孩子的声音就急忙冲进他的房间，这些焦虑不安的做法就会加重孩子的焦虑和恐惧。

要让幼儿消除这种焦虑和恐惧，就必须从实际出发。在很多情况下，要看有没有必要马上去克服这种恐惧心理。比如，根本没有必要让胆小怕事的孩子立刻去和狗交朋友，也没有必要马上让他到深水中去练习游泳。因为只要孩子到了敢于做这些事情的时候，他自然就会去做了。

7. 孩子拒绝睡觉该怎么办

害怕父母的离开，或担心因为尿床而使父母不那么喜欢自己，是小孩害怕睡觉乃至拒绝睡觉的主要原因。作为父母，要想让孩子顺利入睡，就得有一定的耐心，在孩子睡前陪着孩子。

孩子为什么会害怕睡觉，乃至拒绝睡觉？一个原因是孩子在睡觉前最害怕同父母分手。如果妈妈强行走开，孩子就会害怕地哭上好几个小时。如果妈妈坐在小床旁边一动也不动，孩子也能老老实实地躺下来。但是，只要妈妈一朝门口走去，他就会立刻站起来。

另一个原因是害怕尿床，所以在睡觉前孩子会不停地说："尿！尿！"或者用他表达要撒尿的别的字。但当妈妈把他带到厕所以后，他却只尿几滴。可是他刚回到床上，就又嚷嚷着要撒尿。但要相信孩子确实在担心自己尿床。因为这么大的孩子还尿床，父母会表现出不满意，孩子就担心父母不再那么爱他了。因此，父母就要设法打消孩子的顾虑，并告诉孩子尿床没有什么关系，父母仍然爱他。

那么怎样让孩子入睡呢？首先不要让孩子每天晚上跟父母一起睡觉，而应该哄他在小床上睡，因为一旦给他养成和大人睡觉的习惯以后就不好改了。

其次，父母应放松地坐在孩子的床边陪孩子，直到孩子睡着。这一方法虽然较难实施，却非常有效。父母应该像照料一个生病的孩子一样给予特别的关心，以便让孩子放心地入睡，但必须尽力表现出愉快、自信和无所谓的样子。父母应该不断发现孩子不再依赖他们的迹象，并不断给予鼓励和称赞。这种态度对消除孩子的顾虑有非常积极的作用。随着孩子不断成熟，再加之父母的这种态度，孩子就能更好地理解和消除恐惧感。

在孩子入睡前，父母不要急于悄悄离开，以防再一次引起孩子的警觉，从而使他更难以入睡。这样坚持陪伴他几个星期，效果会很明显。如果孩子由于父母离开过家而受到过严重的惊吓，建议家长在数周内尽量避免再次外出。如果自孩子出生后父母第一次外出工作，每天出门时要亲切地向孩子说“再见”，但要表现得愉快，态度要坚决。如果父母脸上挂着一种苦恼的表情，那就只能加重孩子的焦虑不安。

一般说来，让孩子晚点儿睡觉或省去午睡能使孩子更疲倦，从而比较容易入睡。但这种办法不一定总是有效，因为，即使孩子精疲力竭，但由于惊恐不安，能一连好几个小时不睡觉。因此，最根本的还是解除孩子的忧虑。

8. 对受伤的恐惧心理

2岁半到3岁时，孩子对受伤会有一种恐惧心理。他们渴望了解事物发生的原因。例如当他们看见一个跛腿的残疾人或者外貌畸形的人时，首先想知道的是那个人为什么会这样，然后就开始担心自己会不会受到类似的伤害。

在这一时期，孩子对掌握蹦跳、跑步、爬行等各种身体技能产生了极大的兴趣，所以他们自然地会对身体的完整看得很重。如果受了点儿伤，他们就会相当难过。

孩子不仅害怕真的受伤，而且还混淆了男孩儿和女孩儿之间自然的差别。有时他们也会为此感到担忧。比如，一个光着屁股的3岁男孩看见一个光着屁股的小女孩时就会感到十分纳闷，她怎么和自己不一样，没有“小鸡鸡”呢？因此他就会问大人：“她的小鸡鸡呢？”如果不能立刻得到满意的回答，他就会认为她肯定遇到过什么灾祸。然后他就会担心地想：“灾难也可能会降临到我身上。”小女孩也是如此。当她发现小男孩儿和自己不一样的时候，也会产生同样的误解和担忧。她首先会问：“那是什么？”然后就会急于想知道：“为什么我没有呢？是我出了什么毛病吗？”这就是3岁孩子的思维方式。他们也许会感到非常难过，以至于不敢再问父母这样的问题。

对于为什么男孩儿和女孩儿不一样的担心表现在很多不同的方面。一个小女孩发现她与男孩子不同后，非常着急。于是不断地去脱其他孩子的衣服，想看一看他们都长得什么样子。做这些事的时候她并没有躲躲闪闪的，但是可以看出她担忧的神情。后来她便开始触摸自己的生殖器。有一个3岁半的小男孩先是对妹妹的身体感到不安，然后又担心家中所有坏了的东西。

2岁半至3岁半之间的孩子，一般都会对类似身体上的差别而感到忧虑。在他们刚感到好奇的时候，如果得不到令他们满意的答案，他们就容易得出使自己心烦意乱的结论。

另外，我们不能指望孩子提出这样的问题："我想知道为什么男孩儿和女孩儿不一样？"因为这么大的孩子还提不出具体的问题。

我们不能认为孩子对性别产生了一种不健康的好奇心。实际上孩子最初提出的这类问题与他们提出的其他问题并没有本质上的区别。因此，家长不应该制止孩子提出类似的问题，不应该为此而责怪孩子，也不应该不好意思回答。否则将起到反作用，使孩子认为自己处于危险的境地，而这一点正是我们要避免的。

家长对此用不着过于严肃，因为问题并不像许多父母想象的那么难以解决。首先让孩子公开说出他们的忧虑反而有助于问题的解决。这时，家长应本着实事求是的态度，用轻松的语调给孩子解释清楚。若能通过例子进行说明，孩子就能对事物理解得更快些。他们通常需要更多的解释才能放心。

曾经有一个小女孩，她向妈妈诉说道："他为什么那么不一样，而我却这么平常。"在这种情况下，做母亲的通过话语解除了她的烦恼："妈妈喜欢自己的模样，而且爸爸之所以喜欢妈妈就是因为妈妈是这个模样。"在这个时候母亲不妨还可以告诉孩子，等她长大以后她能在体内怀孩子，并能长出乳房给孩子喂奶。听到这些话以后，3～4岁的孩子通常都会激动不已。

9. 不能宠坏了幼儿

幼儿从1岁开始已经渐渐懂事，并且越来越调皮，喜欢随便动东西，或摔东西，知道通过什么方式能达到愿望。而宠爱孩子无疑会增强孩子对父母的依赖性，丢失宝贵的训练独立能力的机会。尽管孩子仍然年幼，父母仍然需要很强的毅力和一定的狠心对孩子说出“不行”二字，才能在某种程度上给孩子一定的限制，否则孩子这样下去会使自己的思想和行为误入歧途，而且也将使他与外界格格不入。所以，教育和改造孩子完全是为了他们好。

父母应该给自己制订一个计划，如果必要可以写在纸上。要把家务和其他事情都紧凑地安排好，使自己在孩子不睡觉的大部分时间里都有事情做。做事的时候要快捷麻利，叮当有声。这样不仅能引起孩子的注意，而且还能给你自己提神。比如，对于已经养成了需要整天抱着的习惯的孩子，当他哭着伸出双手要你抱的时候，你要和气而坚决地对他解释说，这件或者那件工作必须在今天下午做完。虽然他听不懂你的话，但是他能理解你的语气。这样，你就可以继续做你的工作了。

有时，如果母亲最初很少说话，或者大部分时间都不露面，孩子就不得不把注意力转移到别的东西上。这样，有些孩子也能比较容易地被改造过来。还有的孩子只要能看见妈妈或者听到妈妈和他说话，即使不抱他，也能比较安静地玩耍。如果父母想给他一个玩物并且教他玩的方法，或者想在傍晚和他玩一会儿，父母应该在他旁边席地而坐。如果他想往父母的身上爬，父母可以让他爬。但是，千万不要给他重新养成抱着走动的习惯。当你和他一起坐在地板上的时候，如果他意识到你不会抱着他走，他就会自己爬走。如果父母把他抱起来走动，那么，只要你想把他放下来，他就会哭闹着抗议。

父母还应尽力帮助孩子锻炼忍受挫折的能力。如果他不能从幼儿时期就慢慢地学会忍耐，以后再想学就难了。

10. 严格而友好的态度

父母在每次把孩子从他专注的事情上拉开时，讲究一点技巧是很有好处的。只要对孩子做的事情表示出兴趣，孩子就会心甘情愿地配合。

对孩子说话的时候，大人很容易养成这样一些习惯："你想坐下吃午饭吗？""我们现在穿衣服好吗？""你想小便吗？"另外一种常见的做法是，"现在该出门了，好吗？"对于1～3岁的孩子来说，这样问问题的麻烦是，孩子往往会回答"不"。这时，可怜的父母就不得不说服孩子去做他本来应该做的事。

要说服孩子，就得费口舌。所以，最好不要让孩子有选择的余地。午饭时间到了，你可以一边和他聊着他记得的往事，一边把他拉到或者抱到餐桌前。当你认为他该洗澡了，你就可以把他领到浴室或者给他拿一把坐便椅。然后，告诉他你要洗澡了，就去给他脱衣服。

但这不是说要给孩子一个措手不及，或对孩子进行突然袭击。父母在每次把孩子从他专注的事情上拉开时，讲究一点技巧是有益的。如果15个月的孩子在晚饭的时候仍然忙着玩玩具，可以让他拿着玩具，把他抱到餐桌前，然后，在递给他勺子的同时把玩具拿走。如果2岁孩子到了该睡觉的时候还在玩玩具，可以对他说："我们把狗放到床上吧。"如果3岁孩子到洗澡时间仍在地上玩着玩具汽车，可以建议他让小汽车做一次到浴室的长途旅行。总之，父母对他做的事情表示感兴趣，他就会心甘情愿地配合。

随着年龄的增大，孩子的注意力越来越集中。如果4岁孩子已经花了半个小时的时间在盖一座木制车库，你可以对他说："现在快把小汽车放进去吧。在你睡觉之前，我想看见它已经在车库里了。"在孩子玩得兴致正浓时，这样做要比突然袭击或恼怒地警告要好。

然而，要做到这些就需要有耐心。善良的父母常常会暂时忍受孩子对自己的欺骗，但是，等到他们的耐心耗尽的时候，就会朝孩子发怒。如果父母有健康的自尊心，他们完全可以为自己辩解，并保持态度真诚、友好。比如，孩子坚持继续玩游戏，而这时家长已经累得筋疲力尽了，家长可以愉快而又很肯定地对她说："我太累了。现在我要去看一会书，你也可以去看你的书。"

总之，无论父母多么随和，都要让孩子懂得他们有自己的权利。如果孩子认识到了这一点，他就会更喜欢父母，因为父母的严格要求从一开始就培养了他与人相处的能力。受宠的孩子即使在自己的家里也不会觉得幸福。而一旦他们走出家庭，就会不可避免地遭受到突然的打击。他们会发现没有人愿意对他们唯命是从。他们将会真正地明白，所有的人都有自私的一面。

11. 别讲太多的道理

适时地警告孩子，但不要给孩子讲太多的道理，因为他们根本理解不了。就算对孩子的问题一一作答，也并不能使孩子变得愿意与人合作，也不能使孩子对父母更加尊重。

有时父母或许会看到，1～3岁的孩子由于被警告太多而变得焦虑不安。有个2岁的小男孩，他的母亲总是试图用这样的思想来控制他："你千万不能碰医生的灯，因为你会打破它的。要是那样的话，医生就看不见东西了。"孩子一副焦急的表情，眼睛瞪着灯，嘴里则咕哝道："医生会看不见吗？”一分钟后，他要把朝街的门打开。他的母亲又警告他：“不要出去。你会迷路的！迷了路，妈妈就找不到你了。”听到那么多的坏信息，实际上对孩子是有害的，因为这会促进孩子负面的想象。一个2岁大的幼儿不该总对自己行为的后果担心。这个年龄是他在实践中学习的阶段，是他通过促使事情发生而从中学习经验的阶段。父母要做的，是适时地警告孩子，但不要给孩子讲太多的道理，因为他们根本理解不了。

曾经有一位责任心很强的父亲，他觉得他应该把什么事情都给他那3岁的女儿解释清楚。于是，每次他们准备出门的时候，他总是这样问孩子：“现在我给你穿上衣服，好吗？”“不！”孩子回答道。“噢，可是我们想出去呼吸一下新鲜空气。”孩子已经习惯了父亲的这种做法，他总是觉得必须把任何事情都解释清楚，从来不像大多数人那样给孩子穿上衣服然后出门。而女儿就利用这一点迫使父亲对每一点都进行说明。所以她又接着问：“为什么呢？”但是，她并不是真的想知道。“新鲜空气能让你身体健康强壮，这样你就不会得病了。”“为什么？”她又问……问个没完。这种没有任何意义的争论和解释并不能使她成为一个愿意与人合作的孩子，也不能使她把父亲作为一个应该受到尊重的人来尊敬他。如果父亲神态显得很自信，并且在日常生活中总以一种友好、主动的方式来引导孩子，她就会觉得更幸福，可以得到更多的安全感。

第五章
学龄前期

3～6岁是孩子的学龄前期。在这一时期，孩子不再那么执拗和顽皮，与父母或其他人能友好、愉快相处。同时，孩子的个性基本形成，道德意识开始发展。父母这时就要提供一个让孩子进行游戏、训练生活自理能力的活动空间。此外，还要采取适当的方法帮助孩子战胜恐惧等心理问题。

第一节　发育特点

1. 三个重要特征

学龄前期是指儿童从3周岁到6周岁这一时期，也是儿童正式进入学校前的一个时期。此时的儿童通常会表现出三个特征。

① 由于身心的发展，孩子初步产生了参加劳动和学习的愿望。

② 孩子的各种心理过程带有明显的具体形象性，抽象概括能力只是刚刚起步。他们一般不能给事物下抽象的定义，而只能下实用性的定义，例如，花是好看的，糖果是好吃的，椅子是可以坐的东西，等等。学前儿童也能掌握数的概念和进行计算，但同样需要直观形象的不断支持和强化，否则就会有很大的困难。在很大程度上，学前儿童还是受外界印象的调节支配的，心理活动是片段的、无系统的，很容易受外界新颖事物的吸引而改变自己的心理活动，在有目的的独立思考方面能力很差。当然，在整个学龄前期内，在教育影响下，这种特点会逐渐发生改变，从而为儿童进入学校学习准备了重要条件。

③ 从这个时期开始形成最初的个性倾向。随着生活条件的变化，加之老师和家长不断提出的要求，孩子的独立性和目的性逐步增长起来。这时，儿童开始能为较远的目的而行动，能使自己的行动服从于大人或集体的要求。这种最初的个性倾向在其一生中都会保留痕迹，因而在人的心理

发展上具有一定的作用。

2. 学龄前儿童的感觉发展

学龄前期儿童的各种感觉在迅速地完善，特别是一些复杂的感觉如视觉、听觉和触觉都有了进一步的发展。

（1）视觉

3岁的孩子就能正确辨别各种基本颜色（红、黄、蓝、绿），并能逐步学会正确辨别各种混合色（橙、紫）。但还不能很好地区别各种颜色的色度（如蓝和天蓝、红和粉红）。到4岁后，孩子较细微区别各种色调的明度和饱和度的能力才逐渐发展起来。3岁的孩子还不能正确地把颜色和颜色的名称联系起来，从4岁开始，才能把各种基本颜色和它的名称联系起来。而5～6岁的儿童，则能把光谱中全部颜色和它们的名称对号入座。此时，精确地辨别最细微的物体或远距离物体的能力，也开始发展。

（2）听觉

一般说来，儿童对声音的感受性总是随着年龄的增长而不断发展着。当然，听觉感受性也不是自然而然地发展起来的，而主要是在教育的影响下，在儿童的各种活动（如音乐、语言作业和游戏等）中发展起来的。

（3）触觉

触觉是运动觉和皮肤的结合，它对生活能力和心理发展都有很重大的意义。3～4岁孩子用双手来比较两个同样体积而重量不同的小盒子，他们往往认为重量是一样的，而5～6岁的孩子就能充满信心地指出哪个重，哪个轻。

（4）空间知觉

空间知觉是一种复杂的知觉，首先有赖于孩子从生活经验中不断掌握包括距离知觉、位置知觉、方向知觉在内的各种空间表象，同时也有赖于不断掌握各种表示空间关系的词，如“这里”、“那里”、“上面”、“下面”、“远些”、“近些”、“后面”、“前面”等。父母可以通过布置各种作业和做相关游戏等来培养儿童的空间知觉。例如，把玩具摆成一上一下、一前一后等，同时用词来表明这些关系。然后让孩子回答问题，如有错误，就加以纠正。也可以用实物或图片来做练习，如把铅笔放在纸上面，把皮球放在桌子下面，借此教儿童掌握“在上面”、“在下面”这些表示空间关系的词。

（5）时间知觉

3～4岁的孩子已有了初步的时间观念。例如，“早晨”是吃早饭以前，“晚上”是妈妈下班的时间。但“昨天”、“今天”、“明天”这些带有相对意义的时间观念，还不能正确理解。4～5岁的孩子在教育的影响下可以更好地运用“早晨”、“晚上”这些词，而且也可能正确辨别“昨天”、“今天”和“明天”。但对较远时间如“前天”、“后天”等还不能掌握。5～6岁的孩子则不仅能辨别“昨天”、“今天”和“明天”，也开始能辨别“前天”和“后天”、“大后天”，但对于理解更小或更大的时间单位，如几点钟、几分钟或几个月、几年会感到困难。

学龄前儿童时间知觉发展水平是比较低的，既欠准确，也不稳定。时间是比较抽象的东西，因此，和儿童当前生活联系越少的时间概念，越不易掌握，相反，联系越多、越紧密，就越容易学会，如“早晨起床的时候”、“吃午饭的时候”。学龄前儿童一般不易把时间关系和空间关系区别开来，常常把某一物体移动的距离远近和时间长短混同起来，而不考虑速度。同时，学龄前儿童也不会用时间标尺来帮助对时间的估计。在正确的教育下，7岁儿童才基本上能把事物的时间关系和空间关系区别开来，但使用时间标尺的能力还相当差。父母可为孩子提供有时间联系的一些图片，如虫变成蛹、蛹变成蝴蝶，母鸡生蛋、蛋变成小鸡等。一些单词的掌握也是深化时间观念的重要手段，通过听故事、童话，可以让孩子逐渐掌握“从前”、“古时候”、“有一次”、“起初”、“很久很久”、“好多年”、“后来……后来”等时间概念。

3. 自我意识的深入变化

学前儿童的自我意识会进一步深入变化，从他们对待评价的态度上便可以看出。这种评价态度的变化主要有如下三个特征：

① 从轻信大人的评价到自己独立地评价。学龄前初期儿童对自己或对别人的评价往往只是大人评价的简单再现，而且对大人的评价有一种轻信态度。到学龄前晚期，就逐步对评价持批判态度。例如，成人如果对儿童做出不正确的评价，往往引起儿童的不信任或反感。

② 从对外部行为的评价到对内心品质的评价。学龄前初期儿童一般只能评价一些外部的行为表现，还不能评价内心状态和道德品质。例如，在回答“什么是好孩子”这个问题时，4岁左右的儿童会认为“好孩子不打架”，而到了6岁之后，就可以说到一些比较抽象的品质，如“好孩子就是听话的、喜欢学习的孩子”。

③ 从比较笼统的评价到比较细致的评价。学龄前初期儿童对行为的评价是比较简单、笼统的，如“我会唱歌”、“我会画画”等。学龄前晚期儿童的评价就比较细致、比较全面一些，例如“我会唱歌，也会跳舞，可就是不会画画。”

对于家长来说，在孩子的学龄前期，由于儿童对自己评价的能力还很差，成人对儿童的评价在儿童个性发展上起着重大作用，因此家长必须善于对儿童进行适当的评价，对儿童行为作过高或过低的评价都是对儿童有害的。例如，大人如果对孩子说“你永远也不会做这个”、“你永远不会跳得远些”、“你永远不会安静”、“你永远也不能遵守规则”、“你总是爱打人”等，儿童就会认为自己是毫无希望的人，以致失去了信心。相反，父母如果总夸奖孩子“你是最聪明的”、“你是最棒的”等，他们就会情绪饱满，充满自信。

4. 道德意识初步形成

学龄前期的儿童已能初步理解“好”与“坏”，并能做出一些合乎成人要求的行为。学龄前晚期儿童，开始能从社会意义上来判断道德行为，但这些判断仍然不太具体。

孩子的道德意识的逐渐形成，主要表现是孩子有了各种道德感，如同情、互助、义务感等。但我们也绝不能过高地估计儿童的这种发展，家长不应把对儿童的道德要求提高到成年人的水平。

首先，在道德行为方面，学龄前初期儿童的道德行为的动机往往受眼前刺激的制约，如儿童对行为本身感兴趣，或者大人对儿童提出明显的要求等。只有在学龄前晚期儿童身上，才初步可以看到独立的、主动的社会道德动机，但是这些道德动机仍然受具体的道德范例所支配。例如，儿童认为，不应该吵闹，因为吵闹了大家就不能好好做作业。同时，儿童的坚持性也很差，一会儿说吵闹不好，但也可能过一会儿自己又吵闹起来：学龄前儿童还不能把行为动机和行为效果统一起来，常常只能看到行为的效果，而看不到行为的动机。

其次，在道德判断方面，学龄前初期儿童的道德判断还带有很大的具体性、情绪性和受暗示性。只要大人说是好的，或自己感兴趣的，就认为是好的；反之，就是坏的。学龄前晚期儿童，开始能从社会意义上来判断道德行为，但这些判断仍然不太具体。

由此可见，一方面，由于学龄前儿童道德意识的发展，已有更大可能对他们进行有系统的道德品质教育。另一方面，由于这些道德意识还是很初步的，所以要注意避免空洞的说教。对于学龄前儿童来说，掌握一些抽象的道德原则，并运用这些原则来作为自己的行为规范，是有一定困难的。

第二节　智能教育

1. 游戏是最佳的方式

人的智力发展在5岁前最为关键，但早期智力开发应根据孩子的心理及生理特点进行，最根本的原则就是“寓教于乐”。

较之1～3岁的幼儿，3～6岁孩子的动作和言语有了长足的发展，生活范围进一步扩大，独立性不断增强，这时父母也要提出更高的要求，让儿童独立地负担某些简单的职责，如穿衣、吃饭、收拾玩具等，开始要求儿童从事一些力所能及的活动。但学龄前儿童的能力还是非常有限的，还不能很好地掌握自己的行动，其经验也非常缺乏，不能很好地控制自己。因此，孩子渴望独立活动的需要跟他的经验及能力水平之间产生了很大的矛盾。这是学龄前期儿童心理上的主要矛盾。而解决这一矛盾的主要方法就是游戏活动。它之所以成为学龄前儿童的主导活动，是和游戏本身的性质以及它在学前儿童身心发展上的作用密切相关的。

（1）游戏最能调动孩子学习的积极性。欲望的正当满足能使儿童精神愉快，而这种愉快也能成为求知的动力。在不剥夺孩子“玩”的权利的前提下，对孩子进行“快乐教育”，才能获得满意的效果。

（2）游戏是适合于学龄前儿童的特点的一种独特的活动形式。游戏跟劳动不同，劳动要求生产物质财富，而游戏并不生产什么。游戏也跟学习不同，学习虽然并不创造什么财富，却带有强制性。

（3）游戏是促使学龄前儿童心理发展的一种最好的活动形式。游戏不但是适合学龄前儿童特点的活动形式，而且是促使学龄前儿童心理过程发展的最好的活动形式。在正确组织的游戏活动中，儿童的心理和个性品质能够得到更快更好的发展。

（4）运动器官能在游戏中得到很好的锻炼。由于儿童担任游戏中某一角色，为完成这一任务，他的动作要求更富有目的性和积极性，使身体的运动器官得到很好的发展。

（5）游戏可以更好地培养儿童的个性。游戏一般都是集体活动，能使儿童学会遵守游戏的规则。同时，由于儿童担任各种不同的角色，他必须要完成角色所应当完成的任务，在这一过程中就培养了儿童的性格和意志。

归纳起来看，游戏具有趣味性、随意性、模拟性、具体性和群体性的特点。游戏的趣味性决定了孩子对它的喜爱；随意性使游戏不仅可以在户外进行，在家里也能进行，并且没有时间上的限制，大大方便了孩子和家长；其模拟性和具体性可以充分发展儿童的形象思维及抽象思维能力；群体性的特点可使孩子在游戏中体会人与人之间的关系，有利于他们认识及适应社会生活。儿童的学习、劳动技能、知识积累等大都是通过游戏而获得的，游戏在儿童教育中占主要地位。它对促进儿童全面发展有着重要意义。

2. 父母的参与

家长应该给孩子游戏的权利。有些家长忽视了游戏的重要性，一味地强调孩子识字、数数、计算、绘画等，剥夺了孩子游戏的权利，这样会影响孩子智能的全面发展。

家长要给孩子提供游戏的条件。除了给孩子提供游戏场地及一些简单的器具外，自己应主动参与，还要欢迎更多的孩子参与游戏，增加孩子与其他小朋友接触的机会，满足孩子的心理需要，并引导孩子在游戏中与同龄伙伴友好相处。

不能抢占孩子在游戏中的主导地位，应把主角的位置留给孩子，自己做一些配合、指导性的工作，从而最大限度地发掘孩子的智能。

家长还应在游戏中对孩子进行正确的引导，使孩子在游戏中认识自我，开阔眼界，培养孩子的想象力、组织和指挥能力及人际交往能力，培养孩子良好的个性品质和活泼开朗的性格，这些都有助于孩子早期智能的开发。

3. 把玩具收拾起来

玩具弄了一地，凌乱不堪，谁看到都难免心烦，但这时父母不宜强迫孩子去收拾，以此来“惩罚”他，而是应该建立一种认识，即把玩具收拾好，也是孩子游戏的一部分。父母可以对孩子热情地说：“这些方木块儿应该放在这儿，长木块要放在那儿。我们把这儿当车库吧，让所有的汽车晚上都进车库去睡觉。”这样到了4～5岁的时候，孩子就养成了把东西收拾好的习惯。如果孩子偶尔需要帮助，父母就应该和他一起收拾。

但对一个3岁的孩子说“现在把你的东西都收拾好”，听起来会有点儿刺耳，即使孩子很喜欢做这件事，这样的任务也是3岁孩子没有毅力去完成的，况且他处于比较倔强的阶段。所以，父母应高兴地帮着孩子收拾东西。这样可培养孩子的良好态度，比试图改变孩子的脾气容易得多。

4. 爱问问题的孩子

现实世界中的任何事物对于这个时期的孩子来说都是新鲜而新奇的。孩子如果向父母提一些幼稚的问题，家长也一定要认真对待，切忌胡乱回答或敷衍。

学龄前期的孩子好奇心强，特别是4~5岁的儿童，面对绚烂多彩、神奇而陌生的世界感到新奇。这也是孩子获得知识的重要途径。

（1）应当正确面对孩子提出的一系列“为什么”，使他们感到自己的提问得到了重视，并获得满意的回答。这样才能进一步激发孩子再观察、再提问，形成良性循环。

（2）父母在给孩子做出解释的同时，应鼓励、指导孩子更加细致地观察周围的事物。

（3）对于那些已经有了自己思考问题能力的较大的孩子，还应当诱导、鼓励他们通过自己的探索、观察、思考找出答案，或同孩子一起来寻找答案，并及时表扬和鼓励孩子。

（4）千万不能对孩子的提问采取简单粗暴的态度，用“不知道”、“别烦我”之类的话回应，否则会损伤孩子的自尊心，压制其求知欲。

（5）面对孩子提出的怪问题，家长可能回答不上来，但也不能随意解释。要知道这时孩子得到的回答往往会给他留下长久的印象，错误的解释会给孩子留下对某个事物错误的认识，影响其智能的正常发展。正确的方法应该是明确告诉孩子自己也不知道，或同孩子一起寻找答案，这也能教会孩子如何去解决问题。

（6）在回答孩子提出的问题时，还可以把一些相关的生活常识、社会规范等教给他，比如当家长带孩子经人行横道线横穿马路时，孩子可能会问“为什么一定要走这些白线”，这时除了要告诉他这些白线是人行横道线外，还应教给他一些相关的交通规则及安全常识，这种效果比简单说教要好百倍。

5. 发现孩子的天赋

天赋事实上在学龄前期就能表现出来。孩子的好奇心极强，语言能力发展很快，对读写的兴趣浓厚。长期以来，教育家们普遍认为，帮助孩子发展各种能力的最佳方式就是每天和他们谈话，给他们读书，让他们接触周围世界，鼓励他们的好奇心和兴趣。

如果家长能够提供激发孩子兴趣的活动，并且和孩子一起参与，也有助于促进对有天赋的学龄前儿童的教育。比如，参观博物馆、动物园以及图书馆能使孩子的求知欲望得到满足。除此之外，还可以带孩子去听音乐会、去旅游以及去自然界中漫步等。这些活动能丰富孩子的经验，并且能帮助他把从外面学到的更广泛的知识带回到课堂上加以运用。

在有些情况下，父母对孩子的期望可能比他们意识到的还要高。他们为了让孩子在知识方面获得成就，宁肯牺牲孩子在情感上的安全感和全面的发展。例如，当4岁的孩子玩过家家游戏的时候，父母可能对此毫不在意。但是，当孩子开始学习读书的时候，父母的眼睛就立刻亮了起来，并且对此显示出浓厚的兴趣。当孩子意识到家长对此感到高兴的时候，他就会以更高的学习兴致予以回报。这样一来，孩子就可能失去该年龄段的孩子本来应有的兴趣，而过早地变成一位学者。

6. 兴趣的引导

一旦对某种事物或活动发生兴趣，孩子就会积极地去探索、研究。这是一种自发的行为，是引导孩子的一种内在力量。例如，当孩子听到优美的音乐时手舞足蹈，有节奏地打拍子或随着音乐的节拍晃动身体，这说明孩子对音乐有兴趣；当孩子得到一盒彩笔就聚精会神地在纸上画个不停，其他事情均不能分散他的注意力，这往往表明他对绘画的兴趣较大。只要家长耐心、仔细地观察，就不难发现孩子的兴趣。兴趣实际上跟孩子的个性形成有关，它是在个性形成过程中的一种自发的学习过程。

发现孩子的兴趣之后，父母还应正确引导。兴趣是孩子最好的学习动力，但这并不是说一旦发现孩子的兴趣，就应该立即给孩子提供相关的条件进行培养，因为孩子对外界反应不完全是精神上的，比如喜欢听音乐，并非就表明孩子一定喜欢音乐，只能说孩子对正在播放的音乐很敏感而已。而且经验也表明，虽然孩子可能在某个方面很有兴趣，如果父母过于关注，也可能使孩子的热情减退。所以父母有必要在发现孩子的兴趣之后，继续耐心地观察，并绝不随意干涉，让孩子的兴趣随着个性的形成进一步稳固。

除此之外，在培养孩子的兴趣上还应注意不要寄予过多的功利心理。孩子在某个方面有兴趣，并不表示孩子将来必定从事这方面的工作并成名成家。因此，不能忽视孩子其他方面兴趣的培养。

7. 喜欢动手操作

手的运动对大脑的发育有着积极的促进作用，动手操作更能激发孩子的求知欲。学龄前儿童都有爱动手的特点，剪纸、拼图、粘贴、捏泥、搭积木、小制作、种植花草等都对孩子有着相当大的吸引力。孩子可以在制作的过程中充分发挥想象力、创造力、观察力及记忆力，同时，孩子的注意力及思维能力也得到培养和锻炼。

父母应给孩子提供动手操作的物质条件。利用一些废旧生活用品如破旧的收音机、包装瓶、包装盒、旧钢笔、破眼镜等给孩子制作一个玩具箱；为孩子购买一些仿真玩具，如锅、碗、勺、桶、听诊器、注射器等，还有积木、拼图板、布娃娃等，使孩子有充分的物质条件来进行动手训练。

刚开始时，孩子可能不会利用这些玩具，家长应利用闲暇时间带孩子进行操作，给孩子以示范、指导，比如，教孩子拼图、搭积木，带他利用花盆或一小块空地种植花草，等等，帮助孩子建立起动手操作的兴趣，并对孩子的微小成绩给予表扬，以帮助孩子建立起自信心。当孩子在手工制作上遇到困难时，家长要给予热情的帮助。

如果家长修理物品时孩子愿意在一旁观看，不时想伸手帮忙，这是锻炼其观察力、动手能力的好机会。家长千万不要因孩子碍手碍脚，甚至有时还帮倒忙而训斥孩子或把孩子支走，应该在保证孩子安全的前提下给他热情地讲解，或主动邀请孩子参与。

若孩子在动手操作时把玩具或家里的物品搞得凌乱不堪，家长也不要对孩子过多地责备，以免造成孩子的畏惧心理。正确的做法是在孩子玩完后带孩子一起将环境打扫干净，将玩具收拾好。

8. 爱听故事的天性

爱听故事几乎是学龄前儿童的一种天性，故事对孩子有着特殊的吸引力。给孩子讲故事有助于孩子的语言发育，可以培养孩子的想象力、记忆力、思维能力及模仿能力，还可以使孩子初步识别善恶、美丑。

父母要根据儿童的年龄特点选择故事。年龄越小，故事应越简单，故事的篇幅越短；随着年龄的增长，逐渐增加故事情节的复杂性及故事篇幅的长度。

选择健康有益的故事。给孩子讲故事，应选择那些生动活泼、简单易懂，有益于培养孩子的良好品质，能增长孩子的知识，促进孩子智力发展的故事。应避免那些恐怖的及带有迷信色彩的故事，否则会增加孩子的恐惧感。《安徒生童话》、《一千零一夜》等都是值得推荐的。

给孩子讲故事应生动活泼。学龄前儿童对形象化的东西较易接受，给孩子讲故事时要语言生动、语调动听、表情丰富，对不同的人物选择不同的语调，最好能加上一些简单的动作，以增加故事的趣味性，增强故事的吸引力，这样有助于孩子接受、记忆，同时还有利于孩子模仿能力的发展。

给孩子讲故事的过程中，还要善于引导孩子想象。可以在故事讲到某一个关键情节时暂时停顿一下，启发引导孩子往下发展这一情节，对于孩子合情合理的想象要加以肯定、鼓励，甚至可以脱离原故事内容，顺着孩子的思路向下进行，这样对于孩子的想象力的培养非常有益。

给孩子讲故事花10分钟时间往往就足够了，最好一次讲一个故事，这样有助于记忆。

9. 幼儿园的学习准备

从能建立条件反射以后，儿童就有了学习活动的萌芽，但这不是真正意义上的学习，因为这不是有目的、有系统地掌握知识和技能的活动。但这时成人通常并不向儿童提出专门的学习任务，学习本身也往往缺乏系统性。学习还未完全从儿童生活中分离出来，还不是有目的、有系统的活动。

学习活动本身的性质决定它并不是从儿童很小的时候起就能正式开始

的。以学习为主导活动，是从儿童进入学校以后才开始的。但学龄前儿童也有自己的学习活动，比如幼儿园里的作业，包括讲故事、绘画等。学龄前儿童的学习活动既不同于婴、幼儿时期的学习，也不同于学龄时期的学习。

随着儿童身心的发展，成人开始有可能向儿童提出一些基本的学习任务，然后逐渐教会他们有系统地去完成这些任务，从而掌握知识、技能和形成个性品质。幼儿园里的作业正是以有目的有系统的教学形式来进行的。

10. 学会生活自理

生活自理能力的培养可以促进孩子个性意识和独立意识的进一步发展，一种井然的秩序也会给孩子性格的培养产生良好影响。

学龄前期的孩子已经可以从事一些劳动，且劳动的形式也多种多样。首先是自我服务的劳动，例如，自己吃饭、大小便、穿衣、脱衣、洗脸、洗手等。其次是参加家庭或幼儿园里的简单劳动，最常见的是值日生劳动，例如扫地、收拾玩具、洗茶杯、照顾自然角等。另外还可以做一些带有生产性的简单劳动，例如，在生物园地上拔草、浇水、捉小虫等。

（1）吃饭

大部分3岁的孩子已能够用匙子或叉子吃饭，而且也不会撒得满桌都是了。有的已能用筷子吃饭。不过，灵巧的程度有差异，所以，不会用筷子吃饭不算什么问题。4～5岁孩子的动作要比大人慢些，但基本上都能吃完，不会剩饭菜，而且能用筷子吃。在吃饭时，要教育孩子专心吃，不要东张西望，更不要端着饭碗站着或走来走去地吃，要有规矩。

（2）大小便

3岁以后的孩子一般都能自己上厕所大小便了。但是，偶尔因玩心过重，也会尿在裤子上。碰到这种情况，不要过分责骂，而是应该对孩子鼓励。在这个时期必须教育孩子养成便后洗手的好习惯。要让孩子记牢，便后必须洗手，女孩子则要养成小便后用卫生纸的习惯。

（3）睡觉

3岁以后的孩子已经知道什么时候该睡觉。但由于缺乏自制力，往往到了睡觉的时候还不肯上床，并且装出一点都不困的样子。碰到这种情况，家长千万不要迁就孩子。即使孩子不困，到时也得督促他上床睡觉；孩子睡不着时切不可责怪，应该在旁边和他讲话，让他安静下来。有的孩子醒来后不高兴，甚至哭闹。只要孩子没有什么不舒服，大人应若无其事、高高兴兴地让孩子起床。如孩子自己坐起来穿衣，就要表扬。

（4）讲究卫生

家长要让孩子能独自漱口、刷牙、洗脸，这个时候的孩子一般都能自己洗手了。所以，每次外出回家，饭前、便后、玩耍以后，家长都要记住让孩子洗手，教孩子学会用肥皂。

11. 从学习脱衣到穿衣

幼儿18个月的时候就开始试着自己脱衣服了。他们可能会把袜子的脚趾部分一直拽向他们的腹部以把脚趾脱出来。

大约2岁左右，他们就能够很熟练地脱衣服了。这时他们开始试图穿上衣服，但是有时会把衣服纠缠在一起。要再过一年的时间，亦即3岁的孩子，一般应该会穿鞋、袜、衣裤等。至于纽扣，就算孩子弄得大人心烦，大人还是要鼓励孩子自己扣纽扣，并适当给予指导。4岁以后的孩子几乎都能自己穿衣脱衣。若还不会料理，那是因为还没有充分掌握诀窍。除此之外，脱下来的衣服应该放整齐，不可乱丢、乱扔。为了能将衣服等放得整齐，父母最好准备一个孩子专用的衣柜，让孩子按自己的需要自行取放。

照料18个月至4岁的儿童需要很多技巧。如果父母不让孩子做他能做的事，或过分地干涉，孩子就会生气。如果孩子在这个年龄想学习穿衣服却又没有机会学，他就可能失去这种愿望。如果他在学习穿衣服的时候父母一点都不帮他，他就可能因为失败而灰心。所以，在能帮上忙的时候一定要给予帮助。

家长在做较难的事情的同时，要让孩子对其中的简单部分感兴趣。家长可以帮助孩子脱下袜子的一部分，以便让孩子能很容易地脱下剩余的部分。孩子想穿衣服的时候就帮他把衣服抻开。孩子把衣服纠缠在身上时，家长不要完全替他穿上，而是要把衣服抻开以便他继续。如果孩子觉得家长总是和他想的一样，而不是反对他，他就会乐意与家长合作。但这一切需要家长的耐心。

还有另一件容易引起矛盾的事情，那就是谁能决定孩子该穿什么衣服，这个问题甚至成了一些人的日常斗争。一些家长从来不让孩子选择。有一个解决的办法，就是同意孩子在参加某种活动时自己选衣服，但要合乎常理，在参加一些特殊活动的时候让孩子先选择，由父母最终决定。

12. 做家务的意义

要想引导孩子对自己的行为负责，首先应该做的就是让孩子尽家庭成员的义务和做一些杂活。这样的任务有助于孩子理解生活不只是关心自己，它还包括关心和照顾别人，同时，还可以使孩子懂得，即使有的时候自己不愿意，但是自己的任务也必须由自己来完成。另外，通过做这样的事情，孩子还可以明白自己是一个大集体（眼下指家庭，以后则指社会）中的重要一员。所以，无论孩子怎样抱怨和多么不情愿，他都将在干家务活的过程中培养起自己的家庭观念，并学到日后生活所必需的基本经验。

3岁之后的孩子可能会觉得扫地和收拾东西这类事情很有意思，因为他们觉得这是成年人才能做的事情。

如果孩子大一点儿以后仍然和父母保持着和睦的关系，他们就会很乐意做一些跑腿、搬包裹及耙草坪之类的活，因为他们也想参与一些重要的工作让父母高兴。

孩子2岁的时候，就能装装样子把玩具收拾起来了。3岁的时候，尽管孩子并不能帮上多大的忙，父母也应该让他们干一些诸如摆饭桌或者倒垃圾之类的杂活。

孩子长到7～8岁的时候，父母就应该让他们每天都干些真正有用的工作了。

我们不能期望孩子总是对自己应该履行的家庭义务负责，他们需要父母的不断提示。父母要有耐心，要尽量使提示平淡而有礼貌，就像在同另一个成年人讲话一样。唠唠叨叨和贬低孩子的语气是抹杀孩子对工作的热情的罪魁祸首。不管是擦盘子还是修理草坪，只要是和其他家庭成员共同完成的工作，分配给孩子以后他们都能做得很好。因为，做成年人的工作的自豪感及帮助父母的快乐感会鼓舞孩子加倍努力。

第三节　心理成长

1. 开始听话的孩子

无论是男孩还是女孩，到3岁左右，感情发展就达到了一个新的阶段，开始认为父母是可爱的人，因此想效仿父母的样子。多数孩子在2岁时刚刚表现出来的那种无意识的反抗和敌对情绪，似乎在3岁以后开始缓和。这时，孩子对父母的感情不仅亲切、友好，而且还表现出对父母的热情和关心。但是，孩子毕竟还没有达到对父母十分顺从的地步，所以还做不到时刻听从大人的吩咐，也不能事事表现出色。在这一阶段的孩子，逐步形成了最初的一些比较稳定的心理特性，从而行为的冲动性相对减少，自觉性相对增加。儿童不但能顺应大人的要求调节自己的行为，而且开始自觉地控制、调节自己的行为。到了学龄前期，在教育影响下，行为的自觉性就慢慢发展起来，能逐渐使自己的行为服从较远的目的，这就为形成儿童最初的个性倾向提供了主要条件。

但孩子毕竟是有自己思想的人，所以若他们的想法与父母的相反，有时他们仍然会坚持己见。许多4岁的孩子会觉得自己什么都懂，因此常常表现得独断专行、骄傲自大、语气蛮横和爱挑衅等。但是这种自信很快就会自然消失。

2. 对婴儿着迷

小孩子很想知道婴儿是从哪里来的。当他们了解到婴儿来自于妈妈的体内时，无论男孩还是女孩，都急切地想模拟这种能将自己生出来的创造性行为。他们想照料婴儿，并且把爱献给婴儿，就像他们小的时候父母对待他们那样。因此他们会把更小的婴儿或者布娃娃当做孩子，并且经常玩扮演爸爸和妈妈的游戏。

人们通常认为，小男孩不像小女孩那样迫切地想象大人那样在肚子里怀孩子，而实际上并不是这样。虽然大人告诉小男孩他们不能生孩子，但是他们在很长的一段时间内是不相信的。他们会认为自己也会生孩子，并天真地认为，只要他们努力盼望某件事，就会无所不能地成为现实。

3. 对父母的异性情结

3～6岁，男孩对母亲一直主要表现为较强的依附心理，就像婴儿时期对母亲的依赖一样。但这一阶段，小男孩开始产生像父亲一样的浪漫想法了，坚信长大后会和妈妈结婚。虽然他根本不懂得结婚是怎么回事，但是绝对清楚谁是世界上最重要、最有吸引力的女人。模仿着妈妈长大的女孩，对自己的父亲也开始逐渐产生了这种爱慕。

这些强烈的、充满幻想的爱慕之情，可以看成是大自然对孩子的感情塑造，有助于幼儿精神上的发展，帮助孩子获得对异性的正常情感，引导他们在未来拥有幸福的婚姻，也是为他们将来当配偶或者当父母做的一种准备。但这种倾向所造成的另一个结果是大多数这个年龄的孩子会产生一种无意识的紧张感。无论看到谁特别喜欢某一个人，他都会禁不住地也想把这个人据为己有。因此，当一个3～4岁或者5岁的小男孩更加清楚地意识到自己对妈妈有一种自私的爱，也意识到了母亲在某种程度上已经属于父亲的时候，无论他是多么喜欢和羡慕父亲，他都会感到十分气愤。他有时甚至会暗暗地希望爸爸走迷了路，回不了家，但接着又会对自己有这种想法感到内疚。他还会从自己的角度来推理，认为爸爸也会同样地妒忌他和怨恨他。

小女孩对爸爸也会产生同样的自私的爱慕。尽管在其他方面小女孩很爱妈妈，但是她仍然有时盼望妈妈会出什么事，这样她就可以独自占有爸爸了。她甚至会对妈妈说这样的话："你可以外出长途旅行，我会照料好爸爸的。"但是，当她想到妈妈也会这样妒忌她的时候，就会不由得为此而担忧起来。

因为毕竟父母的个子比他们高得多，身体比他们壮得多，所以孩子想尽力摆脱掉这些可怕的想法。但是，在孩子们进行的象征性游戏中和睡梦中，这些恐惧感却不断地流露出来。而这个年龄的孩子有时爱做噩梦的根源正是儿子对父亲，以及女儿对母亲的各种想法——爱慕、嫉妒、恐惧。也正是由于这个原因，他们才常常梦见被巨人、强盗、女巫和其他可怕的东西追赶。

不过这种对异性家长的眷念情结并不能维持多久，也不会变得十分强烈，因此不会延续到他的一生，甚至不等童年结束就会消失。

孩子到了6～7岁时自然会因为他们不可能独自占有爸爸或者妈妈而感到沮丧。想象中的父母因此而生气的样子，以及男女生理上的不同，都使孩子产生下意识的恐惧心理。这种恐惧心理把他们心中的浪漫喜悦变成了一种反感。从此，孩子开始躲避异性父母的亲吻。随着眷恋情感的衰减，他们的兴趣开始转向不受个人情感影响的事情上，如写作业，学习知识等。

如果父亲意识到幼儿对自己有一种无意识的怨恨和恐惧，也用不着采取什么措施来使孩子摆脱这些想法。实际上，如果幼儿确信爸爸是一个既不敢做严父，也不敢成为独自占据妻子的人，他就会认为自己过多地占有了妈妈，从而感到更加内疚和害怕。

同样，妈妈即使知道小女儿在嫉妒自己，也应该充满信心、千方百计地帮助女儿成长。要清楚在什么时候应该表现出什么样的态度。根本不用担心自己向丈夫表示亲密，会对女儿有什么影响。如果父亲对女儿，或母亲对儿子表现得略为宽容，如果儿子和妈妈在一起或女儿和爸爸在一起的时候感到更加轻松，这证明了异性之间比同性之间存在的敌视情绪要小一些。

在一般家庭中，父母、幼儿之间存在着有益于感情健康发展的均衡关系，这种均衡关系能引导他们顺利度过这些发展阶段。由于幼儿容易想入非非，对父亲或母亲的妒忌心极强，家长可以温柔地向孩子表明，他们相互属于对方，因此男孩儿不可以独占妈妈，女孩儿也不可以独占爸爸。如果孩子因此而发火，家长也不必惊讶。

听到小女儿宣布要和爸爸结婚时，爸爸要显出愉快的样子，同时向女儿解释自己已经结婚了，等她长大时可以去找一个同龄人结婚。

如果父母在拥抱和亲吻时孩子突然闯进房间，不用像犯了错误似地分开。也不要让孩子打断他们的谈话，可以既高兴又坚决地提醒孩子，父母有事要谈，同时建议孩子去忙自己的事。

如果男孩或女孩时常表现出粗鲁无理的态度，父母一定要坚持和孩子讲道理，客气地对待他们。因为这种粗鲁主要是由想入非非的妒忌心理造成的。这种心理往往还会导致孩子不安心睡觉。孩子有时之所以在半夜闯入父母的房间，要跟父母一起睡，是因为在他的潜意识中，他不想让父母单独在一起。出现这种情况以后，家长应立刻把孩子送回小床，态度既要坚决，又要和蔼。

4. 被自己的幻想所迷惑

3～6岁阶段与前几个阶段的孩子一样具有强烈的好奇心，急于了解他们遇到的任何事情的意义，而且想象力相当丰富。他们把一切事物都与自己联系在一起。听到火车叫时，他们立刻想知道是怎么回事；听到人们谈论某种疾病时，他们就想自己会得那种病吗。

3～4岁的孩子在讲述一个编造的故事时，从成年人的角度来看他们并非在说谎。由于他们的想象力生动逼真，所以他们自己也说不清楚哪些是真实的，哪些又是属于虚构的成分。这就是为什么他们害怕暴力的电视和电影。显然，成人也不应该让他们去看。

当孩子偶尔撒谎时，家长不必指责他，使他难堪。一般说来，只要他与其他孩子相处愉快，家长就不用担忧。但如果孩子每天大部分时间都在讲述他想象中的朋友或者冒险历程，而且不是把它当做一种游戏，而是确信他所想的事，这就有两个问题需要我们思考和解决了。

第一，孩子在现实生活中是否感到满足？要解决这个问题，就要让他跟一些同龄的孩子玩耍，并帮助他喜欢上他们。

第二，孩子与家长之间的关系是否随和融洽？孩子这时需要拥抱，或骑在家长的背上，或从父母的玩笑中获得乐趣，或需要与父母友好地交谈。如果身边的大人都很严肃，孩子就会特别向往和能够相互理解的游戏伙伴在一起。如果家长总是过多地指责孩子，孩子便会创造出一个邪恶的伙伴，不断就自己曾做过的错事或愿意做的事，批评这个伙伴。如果孩子还存在大量的幻想，尤其是到了4岁以后，经常和其他孩子在一起而仍未得到改善，家长就应该向精神病医生或心理健康顾问咨询，查明孩子出了什么问题。

5. 容易产生恐惧感

容易产生恐惧症的孩子通常有以下几类。

① 由于不爱吃饭和上厕所之类的事情而经常被父母搞得精神很紧张的孩子；

② 由于恐怖故事或者经常被警告而使想象力受到刺激的孩子；

③ 缺乏培养独立性的机会和不经常外出的孩子；

④ 父母过于溺爱的孩子。

过去积累下来的焦虑感经过孩子进一步的想象加工以后，就变成了具体的恐惧感。

这里的意思是说，如果对待孩子的方法不当，孩子就会产生恐惧感。其实也并不是这样。所有的孩子都有恐惧心理，因为世界上充满了他们不理解的东西，无论孩子是在怎样的体贴中长大的，他们都会认识到自己的弱点和脆弱性。有些孩子生来就比别的孩子敏感，而有些孩子无论如何精心呵护，他们都会对某种东西产生恐惧感。

父母的任务并不是要排除孩子想象中的一切恐惧。事实上，学会面对恐惧和战胜恐惧是人生重要的一课。家长的任务是帮助孩子掌握有益的方法，去对付和战胜恐惧。

6. 让孩子害怕的事物

不同年龄的孩子会产生不同程度的焦虑。3 ~ 6岁孩子的想象力的发展程度，已能使他们想象自己置身于别人的处境，描述出他们从未经历的危险。还有另外一些类型的恐惧症，它们绝大部分突然出现在3、4岁左右的孩子身上，比如害怕黑暗、狗、消防车、死亡以及跛腿的人。

例如，3～5岁的孩子一般都害怕动物，即使是从未遇到过不愉快经历的孩子也是如此。成人一定不要为了证实狗不咬人而把孩子拉到狗面前。

不过孩子对狗，乃至其他东西的恐惧感，是可以通过做有关的游戏来慢慢消除的。如果孩子愿意做类似的游戏，并在玩耍中消除自己的恐惧心理，这就最好不过。

恐惧能促使人做出快速反应。这是因为当我们产生恐惧的时候，肾脏就会迅速分泌大量的肾上腺素，使心跳加快，为我们做出迅速反应提供所需要的糖分。这时，我们就能像风一样迅速逃跑，或像猛兽一样去勇猛地搏斗。这样，通过逃跑或者搏斗，恐惧感就会被耗尽。

静静地坐着不动恐惧感是不会消失的。如果让一个怕狗的孩子做一种游戏，比如猛烈地击打一只玩具狗来发泄自己，就可以部分地减轻他的恐惧。

除了害怕狗等动物，这一阶段的孩子对水也有一种恐惧心理。所以父母不要在孩子吓得哇哇乱叫的时候，把他强行拉进海中或者游泳池里。当然，有些孩子被强行拉入水中后确实感到了乐趣，并立刻消除了恐惧心理，但在大多数情况下，这样做反而会增加孩子的恐惧感。有一点我们有必要知道，尽管孩子有点儿害怕下水，但他也有渴望。

一般来说，随着时间的推移，胆怯和恐惧心理能够被渐渐克服。而只有主动去克服胆怯心理，孩子才能更快地战胜恐惧。如果孩子的恐惧心理越来越严重，或者各种各样的恐惧已经影响到日常生活的其他方面，就应当请教儿童心理健康专家或其他心理咨询医生。

7. 如何让孩子不再怕黑

幼儿特别敏感，容易被自己的幻想吓住。家长不仅要避免孩子接触恐怖、残暴的图像或故事，还应掌握方法进行引导，减少孩子的恐惧感，使孩子不再怕黑。

孩子未来的心理健康与否，并非取决于他生活中是否存在可怕的东西，而是他能否战胜它们。孩子如果害怕黑暗，家长就要设法帮他排除这种恐惧感。这得讲究方法，因为它比说教更为重要。

① 家长绝不应该用可怕的怪物或魔鬼之类的东西吓唬孩子。要避免让孩子看恐怖电影、电视节目以及残暴的神话故事。孩子自己凭空想象出来的东西已足以使他害怕了。

② 不要因为孩子在饭桌上的行为而发火。

③ 父母既不能取笑孩子，也不能着急，更不能劝说他们消除对黑暗的恐惧。

④ 如果孩子想说他的恐惧，那就应该让他说。要让孩子感到父母愿意理解他，还要让他知道父母确信他不会有任何事情。

⑤ 引导孩子举止端正，不要先任由他胡来，然后再去指责他。

⑥ 每天要为孩子安排一定的时间出去和小伙伴们一起做游戏，以便使他过得充实。孩子参加的游戏和活动越多，内心的恐惧就会越少。

⑦ 如果孩子坚持在晚间开着门睡觉，家长不妨按他说的去做。等到孩子的恐惧心理减轻以后，他就自然不再害怕黑暗了。

8. 当孩子问及死亡

求知欲强的孩子很可能会问及有关死亡的问题。一开始解释这个问题的时候，家长要尽量显得很自然随便，不要显得很害怕的样子。家长可以对孩子说：“人到了一定的时候都会死。大部分人在很老的时候和病重的时候就会死去，也就是他们的身体不会动了。”

家长的回答一定要适合于孩子的认识程度。类似“我们永远失去了这个叔叔”这样的回答孩子根本听不懂，所以就可能使他产生恐惧。这么大的孩子只能完全从字面上理解事物，所以千万不要将死亡说成是“去睡觉”，因为孩子不理解，因此他可能会说，那么就把他叫醒吧。还可能因此而不敢去睡觉，因为他会害怕自己睡着以后就死去了。

家长不要掩饰事实真相，而应尽量用最简单的话来解释，这样可能要好些，比如，“死亡就是人体完全停止了运动。”接下来，家长可以利用这个机会讨论一下对死亡的看法。大部分成年人对死亡都有某种程度上的恐惧和怨恨，但又没有一种既可以向孩子说明，又能回避这种基本态度的办法。如果父母认为人们最终要以尊严和刚毅的态度来对待死亡，那么，我们就可以把类似的意思说给孩子。需要注意的是，在回答孩子的问题时，要做到简单明了。不要忘了紧紧拥抱孩子，并告诉孩子，在很长时间内父母都将和他在一起。

许多家长或许有一个顾虑，即不知道是否该让这一阶段的孩子去参加亲友的葬礼。实际上，如果孩子愿意去，那么，家长就应该为此做好必要的准备，因为，3岁以上的孩子是可以参加葬礼的。甚至还可以让他和家人一起到墓地去看着去世的人下葬。但一定要让熟悉的大人陪着，以便在必要的时候安慰孩子，回答孩子的问题，在孩子难过时带他回家。

9. 玩得浑身脏兮兮

年幼的孩子什么都想做，所以常常把自己身上弄得脏兮兮的。当然，他们这样做对他们也是有好处的。他们很爱挖土和沙子，爱在小水坑里走，爱玩水池里的水，他们还喜欢在草地上打滚和捏泥巴。他们做这些事情时就像成年人听音乐或者陷入热恋中一样，在精神上得到满足，对别人也更加亲热了。

有些孩子经常受到父母的严厉警告，要求他们不要把衣服弄脏，也不要把东西弄乱。如果这些孩子认真对待父母的警告，他们的心里就会感到压抑，并且会怀疑自己的爱好是否正确。如果他们真的变得害怕弄脏衣服，他们在别的方面也会变得过于小心谨慎。这样一来，他们反而不能像父母希望的那样，成长为自由、热情的人。

当然，这里并不是说，只要孩子高兴就应该任由孩子胡闹。但即使家长不得不制止他们，也不要恐吓他们。家长只要采取点儿比较实际的解决办法就行了。比如，如果他们打算穿着最好的衣服玩泥巴，就应该给他们换上旧衣服，然后让他们去玩。

10. 如果孩子不愿去幼儿园

学龄前的孩子仍然对父母有较强的依赖性，即使是5～6岁的孩子也会拒绝留在幼儿园里，或者在刚上学的时候拒绝留在学校。他们害怕父母的突然离开，或找不到父母。但如果孩子已经到了该上幼儿园的年龄，如果他不是对此感到相当恐惧，那就应该坚决让他去。如果孩子已经进入幼儿园，只不过会寸步不离父母，父母除了陪伴孩子几天之外，迟早应该对孩子说："你现在已经长大，不再害怕上幼儿园，所以明天我就没有必要待在这里了！"

如果父母想往后拖几天，孩子就会越拖越不愿意去。明智的做法是，弄清是否是因为自己对孩子的溺爱导致孩子害怕离开父母的恐惧心理，然后再设法排除孩子的这种心理障碍。

除此之外，父母也要给孩子一定的压力。父母中应该有一个人留在教室附近某个隐蔽的地方几天。等到孩子逐渐熟悉了老师、其他的孩子以及有趣的活动以后，再把他一个人留在幼儿园或学校。但是，这种熟悉过程应该不超过一个星期。有经验的老师都知道，如果孩子很执拗，而家长的心又非常软，上述情形就会发生变化，因为在这种情况下，它已经不再是一个孩子害怕离开家长的问题，而是父母与孩子之间的一场毅力较量。陪着不愿意上学的孩子去上学有时候好像管用，但无论在什么情况下都不要欺骗孩子。

11. 以骂人和说脏话为乐

孩子到4岁左右，就进入了一个以骂人和说脏话为乐的阶段。他们彼此之间笑嘻嘻地互相侮辱，比如，“你这个大屁眼儿。”或者“我尿泡尿把你从厕所里冲走算了。”他们以为这样做显得自己很聪明、勇敢。但父母不必为此担心，应该把它视为很快就会过去的正常发育阶段。

从以往的经验来看，那些年幼的孩子之所以会以说脏话为乐，是因为他们的父母对此公开地表示过震惊和惊慌，甚至还威胁他们说继续说脏话会给他们带来可怕的后果。但父母这样做不仅达不到预期效果，反而会使孩子产生这样的想法：“嘿，这可是一个惹事儿的极好办法。很有趣！我可有了战胜父母的办法了！”这样一来，当父母的就会越来越感到不安。

要想阻止孩子说脏话，最简单的办法就是显得像没听见一样。孩子说了很多脏话以后如果没有人理他，他自己就会感到没趣了。

第六章
学龄期

6～11岁阶段是儿童学生时代。从6岁开始，他们就从学龄前期的游戏实践活动跨入了学习实践活动，开始了正规而系统的学习。在这一阶段，由于孩子面对新的环境和新的生活方式，难免会出现一些心理问题，父母就不仅要加强孩子的智能教育，还应了解孩子的身心变化，采取措施，及时引导。

第一节　变缓的发育历程

1. 体格发育进入平衡阶段

从6岁开始，儿童的体格发育进入了一个平衡发展的阶段。儿童在整个学龄期阶段，颅骨完全骨化，长骨变得越来越粗壮，脊柱的三个生理弯曲（颈曲、胸曲、腰曲）已由韧带固定，可以起到良好的减震作用。但是脊椎骨间仍然充满着软骨，易发生脊柱变形。所以，在此阶段儿童要养成良好的坐、立、行姿势，防止出现驼背及脊柱侧弯。这一阶段，儿童骨盆开始融合，但尚不稳定，要防止发生骨盆移位。

学龄期儿童活动量大，全身肌肉都得到较好的发育。由于小肌肉群在该阶段的发育、完善，使学龄期儿童的写、画等精细动作进一步得到发展。与成人相比，学龄期儿童的肌肉弹性强，但力量差，易疲劳。

学龄期儿童大脑发育日趋完善，抑制机能已占优势，其抑制能力、分析能力显著提高、加强，感情逐渐稳定下来，自觉性开始发展，自制力有所加强。但是精神易紧张，情绪仍易波动。学龄期儿童的大脑可塑性仍较高，此期仍是培养孩子良好习惯的重要阶段。

2. 学校教育带来的变化

随着年龄的增长，脑和神经系统的发育，以及是生活主导活动的改变及生活环境的变化，学龄期儿童的心理活动有了新的发展。

儿童进入小学，标志着其学生时代的开始。从此，儿童就从学龄前期的游戏实践活动跨进了学习实践活动，开始进行正规而系统的学习，学习和游戏已被完全分开。

学龄前期儿童的学习是融于游戏活动之中的，幼儿教师和家长可以根据孩子的兴趣来选择游戏活动的内容和主题，让孩子在游戏玩耍中获得知识，强调“寓教于乐”，并且对孩子获得知识的多少没有要求。而学校学习是在老师的指导下有目的地、系统地掌握知识技能，这时的学习有时是带有强制性的，儿童不仅要学习自己感兴趣的课程，而且还要学习自己不感兴趣的课程，并且还要达到一定的标准。

学校生活对儿童生活自理能力的要求也进一步提高，它要求孩子必须自己料理大小便，并学会控制大小便，要自己整理学习用品，定期进行卫生值日劳动，遵守学校的各项纪律，逐渐适应各种行为规范的要求等。

上述一系列学习和生活上的要求会促使儿童的心理活动发生突飞猛进的发展，具体表现为智能明显增长，思维能力有了很大提高，口头表达能力有了很大的发展，情感活动也丰富起来，并初步具备了言语和情感的表达能力。这一系列心理发展的结果保证了较高的学习要求的完成，而更高的学习要求又反过来促进了儿童的心理发展。

3. 6岁以后的典型心理

6岁以后儿童的兴趣开始转向那些与感情无关的东西，从家庭的束缚中解放出来，成为一个具有个人尊严的负责任的独立个体。

（1）拒绝感情

6岁以后的儿童对父母的依赖意识越来越弱，甚至对父母感到厌烦。同时，他们也更加关注其他孩子的言行，并对自己认为重要的事情产生了强烈的责任感。他们对自己非常苛刻，以至于是否要从小裂缝上迈过去这样无关紧要的小事都会给他们带来困扰。他们的兴趣开始转向类似算术和发动机这种与感情无关的东西，希望从家庭的束缚中解放出来，成为一个外部世界中的有责任感的公民。

我们都知道，3～5岁的儿童通常亲近家人，热爱家庭。他们自豪地模仿父母的动作、饭桌上的举止和说话方式。但到了6岁以后，占有欲和浪漫想法导致了他们和同性别父母之间的不愉快竞争。由于他们害怕惹父母怨恨而产生一种无意识的恐惧，所以他们开始把自己的各种情感隐藏起来。当父母试图亲吻他时，他会厌烦地躲开，甚至也不愿让别的异性孩子亲吻。正是这种厌烦感造成这个年龄段的孩子将注意力转移到与感情无关的抽象事物上，比如写字、算术、科学和自然等。孩子之所以愿意去上学，这是一大因素。

但孩子要学会像成人那样以复杂的方式同他人友好相处，还需要好几年时间。人在婴儿时期生长非常迅速，处于青春发育期的孩子也是如此。但在这两个阶段之间发育得很慢，尤其是在青春期发育前的两年内。这一时期的儿童还没有强壮的体魄，所以喜欢为自己着想，为了他人而学习，把握住自己的愿望，并试着与同伴友好相处，努力理解家庭外世界的应遵守的行为规范，学会谋生的技能。

（2）个人尊严意识

6岁以后的儿童虽然看似讨厌家长，在内心深处却仍然热爱他们，只是通常不表现出来而已。他们对其他成年人也表现得很冷淡。在这个阶段，孩子已经不再希望父母把他们当做爱物或者逗人喜爱的孩子。他们已经开始有了个人尊严的意识，并希望别人把他们当做一个独立的人来对待。为了摆脱对父母的依赖，他们便更多地转向信任外人，并向他们请教或者学习知识。如果他们从钦佩的常识老师那里错误地得知红细胞比白细胞大，那么，家长将没有任何办法来改变这种错误的认识。

孩子并没有忘记父母亲教给他们的是非观。当父母不断提醒孩子应该做什么的时候，他们会表现得不耐烦，因为他们认为自己已经懂事，希望父母把他们当做负责任的独立个体。

4. 喜欢专注于某件事

处于学龄期的孩子已经不再对那些没有计划的游戏感兴趣，而是喜欢一些有规则并需要技巧的游戏。比如，跳房子、抓子、跳绳等。在这游戏中，游戏者需要按某种顺序来进行，且难度将越来越大，如果失误，就要受到处罚。正是这些严格的规则让他们尤其专注。这个阶段的孩子也开始喜欢收集东西，无论是邮票、卡片，还是小石头都是他们喜欢收集的物品。

这个阶段的孩子有时愿意将自己的物品摆放整齐。获得条理性和完整性就是他们的乐趣所在。他们会突然去整理课桌，在抽屉上贴上标签，或者将成堆的连环画册摆放整齐。但他们不能长久地保持整洁，这种愿望只是在刚开始时十分强烈。

5. “秘密”组织的小团体

此阶段的孩子喜欢三五同龄人集结，组织各种小团体。一帮已经是朋友的小家伙可能会决定成立一个秘密俱乐部。在这个组织里，这些孩子工作十分勤奋，制作会员徽章，选择隐蔽的会议地点，起草一系列规章制度。虽然他们还领会不到什么是秘密，但是选择“秘密”这个词的想法也许是他们需要证明，如果没有大人的干涉和大孩子的捣乱，他们是能够主宰自己的。

当孩子想当大人的时候，让他们与那些有同样想法的其他孩子相处对孩子似乎很有好处。他们的小组织一旦成立，就会尽力排斥外人或者捉弄外人，从而使对方产生失落感。对成年人来说，这似乎很狂妄，但成年人只是已经习惯于使用比较讲究的方法来表示反对意见，而孩子只是凭直觉去组织他们的集体生活。

第二节 智能教育

1. 观察能力的培养

日常生活中注意让孩子的观察更具目的性和系统性，培养孩子观察的兴趣，就能提高孩子的观察能力。

观察是一种有目的的、有计划的认识活动，是较持久的知觉，也是知觉的最高的表现形式。观察是理解、记忆和思维的先导。观察力的高低对孩子智力水平的发展起着重要的作用。

学龄期儿童观察力低下，主要表现在对事物的观察缺乏目的性和自觉性，不善于独立地对自己提出观察的目的和任务，这样就使孩子的观察成了无目的的、无计划的东张西望，造成观察的肤浅、片面，对老师讲授的内容不能很好地掌握，对日常生活常识认识不清，导致学习较差，独立能力偏低。比如，学龄期儿童在学习过程中最常见的一个问题，经常写错别字，就是孩子观察能力较低的一个表现。再比如，在日常生活中，有的孩子不记路，家长带孩子去一个陌生的地方，孩子记不住途经的路线，或过一段时间后，不能独自找到这一地方。这说明孩子缺乏细致的观察。

培养学龄期儿童的观察力，主要是在儿童的学习过程中进行的。家长如果能在日常生活中注意对孩子观察力的培养，会使孩子的观察力有明显的、迅速的提高。

首先，要培养孩子观察事物的目的性和自觉性。无论做什么事情，目的性是至关重要的，有了明确的目的，做事情才有方向。针对孩子观察的目的性差，家长在引导孩子观察时应指明观察的任务，特别是对复杂事物的观察。比如，针对孩子不记路的特点，在带孩子外出时要指导孩子有针对性、有选择性地观察那些有特征的东西——一棵样子特别的树，一座有特征的建筑物，一个明显的广告牌、路标，一个商店等，以利于孩子记忆。家长要抓住孩子生活中细微的事情，启发、引导孩子对事物有目的地认真观察。

其次，要培养孩子的兴趣。如果孩子对观察的事物感兴趣，那么他就会自觉地、主动地去锻炼，提高自己的观察能力。最初，家长可以选择孩子感兴趣的东西来引导孩子观察，例如让孩子玩拼图游戏，看动物画片、图形画片等，看蚂蚁搬运食物、修筑洞穴，到公园去观察各种动物的形态、活动情况，观看马戏表演中动物、小丑滑稽有趣的动作、服饰等。观察后让孩子描述给家长听或以日记、作文等形式写下来。以后逐渐让孩子观察复杂的事物，例如让孩子认路等，家长要及时给以肯定和表扬，让孩子体会到自己的观察能力带来的成功和喜悦。

最后，在培养学龄期儿童的观察能力时，要指导孩子有顺序地观察事物——从整体到局部，从粗到细，从上到下，从左到右地观察。例如观察一匹马，可以先观察马的整体形态，让孩子将马与其他动物如牛、驴等区别开；再观察马的颜色；然后，再看马的尾巴、耳朵、面部各有什么特征及马蹄的形态等。对有些事物的观察，还需要使用多种感觉来完成。比如，观察一个苹果，不仅需要用眼睛看其形态、颜色，还要用鼻子闻一闻其气味，用舌头尝一尝其味道，并与梨、橘子等进行比较，这样通过多种感官的活动，就能使孩子得到全面、深刻的认识。还有的事物需要通过一段时间系统地观察其发展变化的过程，如种子发芽、开花、结果的过程等，通过这种观察可以使孩子更深入地了解事物。

2. 与人相处的能力

与人友好相处是每一个社会人在社会生活中的一个目标。它不仅是孩子生长发育与个性发展的需要，也是其精神生活的主要内容。交往能力的强弱对孩子的生活有较大影响，而且对于其成年后的工作、事业也会产生影响。学龄期儿童进入学校后，社交范围进一步扩大，通过与老师和同学的学习、生活、游戏，掌握一些交往知识，形成一定的交往技能。

培养学龄期儿童的交往能力，要从以下几个方面进行。

交往能力是在日常生活中通过与周围人的接触而逐渐形成的。通过与人交往，增进相互了解，学会遵守社会公德，获得处理人际关系的能力。如果孩子是独生子女，家长对其关爱有加，担心孩子与其他小朋友玩耍会产生矛盾、打架，甚至学坏，而终日将孩子关在家里，使得孩子缺少与周围其他人接触的机会，这种情况对孩子交往能力的培养是极为不利的。

独生子女由于在家庭中被家长视为掌上明珠，享受着特殊待遇，好东西自己独占，听到的都是赞美、表扬，提出的要求都能得到满足……时间长了往往易形成以自己为中心的意识，不懂得与别人和睦相处，与人为善，平等互让，而这些恰恰是良好的人际关系的基础，是人与人交往的前提。因为我们每个人都不会喜欢与一个自私自利的、专横霸道的人交往。

孩子在与他人交往的过程中，难免会产生冲突，发生矛盾，甚至会打架，这是一种正常现象。孩子们之间产生矛盾后，一般都能通过自己的方式自行解决，重归于好。这种交往——矛盾——和好的过程，正是孩子认识自我，了解人与人之间的关系，学习处理人与人之间关系的方法，是逐渐学会相互合作，相互尊重，相互忍让，平等相待，从而提高自己的交往能力的过程。因此，当孩子与他人产生矛盾时家长要正确对待，做到不袒护自己的孩子，更不能斥责甚至打骂别人的孩子，也不能阻止孩子以后的交往，让孩子们自己解决他们的矛盾，这对培养孩子的交往能力及将来走上社会大有好处。

在孩子出生后的头几年里不要总是数落他们；从1岁开始，就应该让他们多接触同龄孩子；要给予他们发展独立性的自由；尽可能不变换住处和上学的学校；要尽可能让孩子与其他邻里的孩子交往，并让他在穿衣、讲话、玩耍、零花钱和其他方面，都与其他孩子一样。家长也用不着把孩子的某些话当真，比如，别人家的孩子都可以怎样，等等。

成人在工作中、家庭中和社会上能否与他人正常交往，在很大程度上取决于他幼年时期与其他孩子相处的情况。即使孩子在童年时代中期的英语成绩不佳或者态度恶劣，只要家长在家里对孩子进行高标准的要求和崇高理想的教育，就会形成他们性格的一部分，并在将来表现出来。如果家长对邻居以及他们的孩子的伙伴不满意，并给自己的孩子造成一种感觉，好像自己的孩子与他们不同，并且不让自己的孩子与他们交朋友，那么孩子长大后就难以与人友好相处。

如果男孩子在交朋友方面有困难，那么，最有帮助的做法就是让他们到教学大纲灵活的学校或者班级去学习。这样，老师就能妥善安排教学，以便使孩子有机会运用自己的能力为班级做贡献。这样就使别的孩子去欣赏他的优秀品质，并开始喜欢他。一个受全班同学尊敬的优秀老师在班上表扬这个孩子，就能提高孩子在班里受欢迎的程度。如果老师能安排他和一个非常受欢迎的学生同桌，或者让他在活动中和这个学生搭伴去学校附近办些事，那么，这个孩子就会取得更大的进步。

家长在家里也可以采取多种办法帮助孩子与他人交往。比如，当孩子将小伙伴带到家里来玩的时候，家长要表现出亲切友好的态度。还要鼓励孩子邀请其他小朋友来家里吃饭，并给他们做他们认为“高级”的饭菜。家里在安排周末旅游、野餐、短途旅行、看电影和其他表演时，可以邀请一个孩子喜欢的小朋友一起去。

家长当然不希望自己的孩子仅有用钱“买”来的名望，因为这不会维持长久。家长要做的只是采取措施来给孩子提供一个机会，使孩子能够积极参与并抓住机会，同他人建立起真正的友谊。

3. 书面语言能力

语言能力包括口头语言能力及书面语言能力，其中书面语言能力又包括阅读能力和书写能力。儿童掌握了书面语言能力才能阅读文章，理解文章的思想、内涵，学习文化知识，才能运用书面语言来表达自己的思想感情，进行交流。因此，书面语言能力的高低影响着儿童对知识的掌握，对儿童将来能否成才有着直接关系。学龄期以前主要发展的是孩子的口头语言能力，并且这种口头语言有时还不规范。儿童的书面语言能力的培养，主要是从学龄期开始的。

培养学龄期儿童的书面语言能力需要从以下几个方面入手。

（1）增大孩子的阅读量

书面语言是由一定量的词汇组成的。书面语言能力的高低，与孩子掌握的词汇的数量有着密切关系。要掌握大量的词汇，除了学好语文课上老师讲解的词汇外，还要大量阅读课外读物。家长要为孩子提供条件，如多带孩子去图书馆，或为孩子借阅或购买适合孩子阅读的、有益的、趣味性强的课外读物，如精彩的小短文、成语故事、童话故事、寓言等，并指导孩子有计划地阅读，以丰富孩子的词汇，开阔视野。在阅读的同时，要培养孩子摘抄文章中的优美词句的习惯，以利于孩子词汇的积累。

（2）掌握基本语法

语言是由词汇组成的，但又不是词汇的简单、随意组合，必须按照一定的语法要求来组合，才能构成一个完整的句子，句子经过合理有序的组合，才能构成一篇完整的文章。因此，儿童必须经过努力学习，掌握汉语的基本语法、句式，加强组词、造句的基本训练，才能提高书面语言能力。

（3）听故事、讲故事

听故事、讲故事是孩子们喜爱的活动之一。老师通过定期组织学生开故事会，不仅可以发展孩子的口头言语能力，而且可以帮助学生掌握大量的词汇，提高书面语言能力。这种活动还可以督促孩子自觉地扩大阅读面。家长在日常生活中也可以和孩子一起开展这项活动。

（4）书面语言的应用

书面语言的应用是提高书面语言能力的重要方法。儿童在掌握了大量词汇及正确语法的基础上，必须通过反复实践，才能达到提高书面语言能力的目的。书面语言的应用包括两个方面：一方面是阅读理解，也就是阅读能力的训练。通过对文章的阅读，理解文章的主题思想和内涵。要达到提高阅读能力的目的，必须进行大量的阅读理解练习，这方面的练习主要是在学校进行的。另一方面是写作，也就是书面表达能力的训练。

提高书面表达能力主要从两个方面入手：一是培养孩子写日记的习惯。孩子通过对日常生活的观察，将其中有意义的事或自己的感想记录下来。但这种记录不能写成“流水账”，应在老师和家长的指导下有目的、有选择地记，这是提高书面表达能力较好的方法。第二是写作文，学龄期儿童主要是写记叙文。学生通过练习写作文，可以得到综合的书面语言能力的训练，为成年后书面表达的应用打好基础。

4. 如何养成好的学习习惯

孩子进入小学阶段后学习就成了其主要的活动内容。优秀的学习成绩的获得，与孩子是否有良好的学习习惯更为紧密。良好的学习习惯不仅可使孩子当下受益，对他今后的学习和发展也非常重要。

培养良好的学习习惯必须从孩子刚上学开始。因为每一种习惯的形成都有一个“先入为主”的问题，如果家长开始时不注意，待孩子某种不良的学习习惯已形成时再纠正，那就需要花费很大的精力，有时某种不良习惯甚至终生得不到改变。

（1）独立完成作业的习惯

家庭作业是老师给学生们挑选的用以巩固课堂上所学内容的练习项目。学生独立完成家庭作业能够起到复习、强化、巩固白天所学内容的作用。如果孩子不能独立完成作业，或抄袭别人的作业，或让家长代替完成，或根本就不做作业，这样都不能起到作业应有的作用。因此，家长一定要强调让孩子独立完成作业，绝不能抄袭别人的作业，当孩子在做作业的过程中遇到问题时，家长只能给孩子讲解、诱导，启发孩子自己找到解决问题的方法，决不能代替包办。

（2）课前预习、课后复习的习惯

课前预习就是在老师讲新课之前，自己先行对这部分内容进行学习，以发现哪些是难点、重点，这样听老师讲课时就能做到有的放矢，有利于新知识的学习。复习就是对所学内容的强化、巩固。完成作业就是对当天所学的内容进行复习，除此之外，还应指导孩子制定周复习计划或月复习计划，这样能够使所学的知识记得牢固、扎实，并能使所学的知识系统化、连贯化，有利于知识的掌握。

（3）广泛阅读的习惯

广泛阅读可使孩子开阔眼界，增长知识，并且可使孩子提高阅读、写作能力。家长应重视培养孩子的阅读习惯，给孩子提供相应的条件，如经常带孩子到图书馆借阅或给孩子购买适合孩子阅读的内容健康的报刊、书籍，并指导孩子认真阅读，逐渐使其对阅读产生兴趣，养成广泛阅读的习惯，这将使孩子受益终生。

5. 四项体格训练

晨跑、参与游戏、涉足大自然，乃至冷刺激训练，都是增强孩子体格的方法，同时，还可以直接或间接地给孩子的精神成长带来积极的影响。

学龄期是青春期健康发育的基础，通过体格训练，不仅能增强孩子的体质，提高抗病能力，促进儿童生长，还能锻炼儿童的意志力。

（1）晨跑

多数小孩此阶段都较早起床，因此可以培养孩子养成晨跑的习惯。清晨空气新鲜，湿度适宜，这时起床参加晨跑，一方面能呼吸到新鲜的空气，使身体得到充足的氧气，另一方面可以锻炼体格。特别是寒冷季节晨跑，还可以使呼吸道黏膜得到锻炼，增强其对冷空气的适应能力，提高抗病能力。此外，由于晨跑对体力的消耗，可以提高孩子早饭的食欲，使孩子的早饭能摄入足够的营养。晨跑应选择平坦、安全的路线，以免发生危险。同时，晨跑的速度不宜过快，并且晨跑后与早饭之间应有十五分钟左右的休息时间，以免影响消化或引起肠痉挛导致腹痛。

（2）游戏

在孩子感兴趣的游戏活动中，孩子的参与意识、思维能力、创造力等能得到培养和训练，而且跑、跳、追逐、投掷等动作还可以锻炼、发展儿童的体力，锻炼孩子动作的灵活性、准确性。父母应充分利用孩子的这一特点，鼓励孩子多参加游戏活动，并积极为孩子创造游戏条件。

（3）自然活动

郊游、爬山、游泳等，都是许多孩子喜爱的活动，在这些有趣的活动中，孩子能够受到阳光、空气、风、水的刺激，增强体温调节机能对外界变化的适应能力。阳光中的紫外线还能促进人体合成维生素D，有利于预防缺钙的发生，促进孩子的健康成长。

（4）冷水浴

冷水浴应从夏天开始，持之以恒，一直坚持到冬天。冷水浴后，用干毛巾擦干，并摩擦至皮肤发红为止。不能坚持全身冷水浴的孩子，坚持用冷水洗手、洗脸、洗脚也可获得较好的效果。通过这种冷刺激锻炼，可以增强人体对寒冷的抵御能力，提高机体抵抗力，大大改善孩子的体质。

第三节　心理问题

1. 调皮捣蛋的背后

学龄期的孩子已学会一些成人话语，并且专爱采用粗鲁的方式与人交谈。他们喜欢模仿其他孩子的穿衣式样和发式，而且经常不系鞋带，而理由就像参加政治竞选的人佩戴党徽一样充分。吃饭的时候，他们原有的某些良好举止不见了，不洗手就趴在自己喜欢吃的菜上，往嘴里大口地填食物，而且还可能心不在焉地踢着桌子腿。他们进屋的时候喜欢随手把衣服往地板上乱扔。尽管他们并没有意识到自己存在的这些毛病，但是实际上却在同时做着三件事：第一，把注意力放在同龄孩子身上，以他们的行为为样板；第二，声明自己有独立于父母的权利；第三，坚持遵守自己的是非观念。

学龄期儿童的调皮捣蛋通常使父母不愉快，认为孩子正在忘记他们的精心教导。实际上，这些变化正是证明了孩子已经懂得了什么是良好的举止，否则他就不会去反抗它了。等他感到自己已经能够独立的时候，也许会重新温习一下自己的家庭道德观。

但并不是说6 ~ 11岁的孩子都是捣蛋鬼。有些孩子的父母性情随和，孩子与他们相处得很好，并没有任何反抗行为。多数女孩的反抗情绪也都没有男孩的强，但如果仔细观察，也能看到她们在态度上的变化。这时，作为父母应该怎么做呢？孩子每隔一段时间总是要洗澡的，在节假日里也要穿戴整齐。对一些鸡毛蒜皮的小事，家长可以不必去计较，但是在一些重要的事情上，态度一定要坚决。该让他们洗手的时候就必须让他们洗。但是，责骂和强迫会激怒他们，并使他们下意识地继续抵制下去。

2. 自我强迫的行为

在许多8～10岁的孩子身上表现出极其强烈的专注和固执的倾向。他们常常因此而处于紧张状态。最常见的是在人行道上遇到每一条裂缝都要迈过去。虽然这种行为没有任何实际意义，但是孩子会迷信地觉得他必须这样做。还有一些其他的例子，比如，摸一下篱笆墙的第三个木桩，使其结果呈现出某种形式的偶数，在进门之前说某几个特定的字，等等。如果认为出了差错，就必须返回起点，而且必须确信没有把起点搞错，然后重新来过。

这种自我强迫的行为，可能从一首童年时代的顺口溜中体现出来其隐含意义："踩上裂缝，妈妈背痛。"每个人有时都会对自己最亲密的人产生敌视情绪，但要去伤害他们又于心不忍，因此就不断警告自己摆脱这些念头。如果一个人的良心变得非常苛刻，那么，即使他已经成功地淡化了这些念头，他的良心也会不断把它们翻出来加以谴责。但尽管如此，他还是有一种内疚感。所以他就更加小心，更加仔细去做一些并无什么实际意义的事情，比如在人行道上行走时，每当遇上一条裂缝，他都要迈过去，想以此来安慰自己的良心。

儿童在9岁时容易产生自我强迫的行为，并非是因为他的思想邪恶，而是因为他的良心在这一阶段迫使他更严格地要求自己。他或许在为自己压抑着的欲望而担忧，因为当他的父母或奶奶惹着他的时候曾想伤害他们。这么大的孩子也在极力压抑自己关于性别方面的一些想法，这也是引起他们自我强迫行为的一个因素。

此年龄段的儿童，其自我强迫还表现在对其他小伙伴的控制方面。此时他们已经不再时时刻刻处于成年人的监督和管理之下，所以他们常常有骄傲自大的表现，而这一点也会引起他们的恐惧。轻度的自我强迫在8～10岁的儿童身上非常普遍，以至于我们不知道应该把它看成是正常现象，还是把它看成心理紧张的症状。如果9岁左右的孩子有点儿轻度的强迫性行为，比如从裂缝上跳过去等，只要他们心情愉快，喜欢外出，在学校的表现也让人满意，就用不着为他们的自我强迫而担心。但如果他总有这种自我强迫的行为——比如为了避免细菌而频繁地洗手，或者总是紧张、焦虑或者孤僻，这时就应该请教心理健康专家进行咨询了。

3. 体形不良与消极心理

健美的体形或者不良体形是由多种因素引起的。除了出生时的骨骼情况之外，心理因素也有一定影响。有些孩子由于缺乏自信心而时常无精打采。可能是由于在家里受到过多的批评，学习上遇到各种困难，或者与人交往不愉快等。精神活泼和自信心强的人总是可以从行动上表现出来，如坐姿、立姿和行走的姿态。所以当我们认识到儿童的情绪和心理与他的体形之间有多么重要的关系以后，就有助于更有效地处理这类问题。

家长渴望孩子长得好看，自然会为孩子的体形不佳而着急，因此，他们就会总是不断提醒孩子“注意肩膀挺直”，或者命令孩子“站直了！”但由于驼背而经常受到家长喋喋不休的告诫的孩子往往并没有及时而有效地纠正过来。一般来说，让孩子根据身体理疗专家或者医生的指导，参加跳舞以及其他身体运动课程等体形矫正训练效果是最好的。在这些环境和气氛中比在家里锻炼效果好得多。如果孩子愿意，家长也可以友好的态度，帮助孩子在家里进行体形锻炼。但家长的主要任务是给予孩子精神上的指导，帮助孩子调节学习上的压力，促进他与别人的愉快交往，使他在家里感到充实和受尊重。

4. 开始撒谎的孩子

自我意识发展到一定阶段，孩子的独立意识就会变得更强，在现实生活中，当他们陷入某种尴尬的境地时，唯一的退路就是撒个小谎，这一现象在成人中也不难见到，因此不必大惊小怪。对于家长来说，最重要的是，如果孩子是为了欺骗而撒谎，家长首先就要自问：孩子为什么非要撒谎不可？

6岁以后，孩子渐渐有了属于自己的独立空间，在他们进入学校之前，父母可能会给他们一定金额的零花钱，数额一般不多，因为孩子还不很懂得如何使用金钱。这时，父母没有看管他们，他们就会依照他的欲望和冲动花钱，比如他们会在学校把钱的大部分拿去买奶糖或并没有什么营养的花哨的甜品。虽然他们记住了父母的告诫，不要随便买路边或外面的零食，但欲望还是打败了他们，最后，当他们回到家，父母问起时，就往往隐瞒事实，或撒谎。

而在学习上，一个小女孩也可能经常说谎。说谎的原因则是她所受到的太大的压力。比如，如果她因为考试不及格而说谎，说明她对考试结果非常在意。那么，她的学习成绩不好是因为她的学习负担太重呢？还是由于别的忧虑导致她的头脑混乱而使精力难以集中呢？或者是因为家长制定的标准太高呢？父母的任务，就是要找出问题所在。要取得老师、指导顾问、学校的心理工作者或者精神病专家的帮助。当然，家长也用不着假装被她的谎言所蒙蔽。要温和地告诉孩子：“你用不着对我们说谎。如果你有什么困难就告诉我们，看看我们能不能帮你做点什么。”但是，她不可能马上回答这个问题，因为她自己也不清楚是怎么一回事。即使她清楚某些令她担心的事，也不能够将其归类。所以，帮助孩子表达自己的思想和说出自己的心事需要时间和理解。

5. 孩子说脏话的原因

上了小学，孩子接触外界的机会增加了很多，因此难免会从别人那里学会一些骂人的脏话。一开始，他们只知道这些话很不好，需要经过很长一段时间以后才会明白这些话的真正意思。出于本能，他们宁肯让别人说自己有点儿坏，也要经常说脏话，以显示自己老成。那些很尽心尽责的父母本以为自己的孩子单纯可爱，所以，当他们听到孩子口里说出这样的脏话的时候，就会感到很震惊。

那么，一个优秀的父母应该对此做些什么呢？实际上还是要和对待3～4岁的孩子一样，别为他们的脏话感到吃惊。因为如果家长显得很惊讶，就会给胆小的孩子造成严重影响，就会使他不敢和说脏话的孩子一起玩。但多数孩子发现自己让父母感到震惊以后，反而会偷偷高兴，有些孩子就是因此而在家不停地骂人，以便让父母感到恼火。还有的孩子虽然在父母的威胁下不再敢在家里说脏话，但在别的地方却照说不误。孩子之所以这样做，完全是因为父母让他们知道了他们具有使整个世界不得安宁的能力。

第七章
青春期

11～21岁青春期是个体生长发育的最后阶段，也是决定孩子性格、机能、智力水平的关键时期。在这一时期，做父母的如果找不到合适的方法，就很难不与孩子发生冲突，而如果冲突太激烈，往往会导致孩子患上心理疾病。有一个认识恐怕是每个家长都应该谨记的，那就是，这一时期的孩子正在努力证明自己已长大成人，他们偶尔会做出叛逆的行为。

第一节　决定个体的关键阶段

1. 青春期开始的标志

孩子身体特征的发育标志着青春期的开始。2~4年内孩子在生殖能力形成之前身体快速增长和发育。但不同孩子青春发育期的起始年龄并不一致，而且差别较大。遗传、营养、身体健康状况等因素都会对青春期到来的早晚产生影响。

一般说来，大多数女孩在10岁左右开始发育，并在约12岁半左右开始第一个发育期。男孩则比女孩晚两年，14岁时才开始早期发育。但如果女孩在8岁以前，男孩在10岁以前就出现了青春期的症状，父母就有必要去请教一下医生。

2. 人生的第二个快速增长期

青春期的生理变化迅猛，是儿童的第二个快速增长期，并最终形成个体的独特性。

（1）身高及体重

青春期生长突增是儿童在一般生长的基础上出现的快速生长现象，

主要表现为身高的快速增长，体重也明显增加。青春期生长突增在突增年龄、幅度及侧重部位上都有明显的性别和个体差异。

（2）骨骼发育

骨骼发育是躯体发育的重要组成部分，人体的许多形态指标的大小都取决于骨骼的发育状况。判断骨骼的发育程度可应用骨龄即骨骼的年龄，因为它能比时间年龄更好地反映机体的成熟程度。全身许多部位的骨骼都能用做骨龄测定，如肩、肘、踝、膝及手腕等，但以手腕部为理想。骨龄标准是根据大量正常人群的骨发育状况制定的一种标准，一般分为标准图谱法和计分法两种。青春期发育中，在儿童期骨发育的基础上，已经出现的骨化中心继续发育，并出现新的骨化中心。一般女童约在15～16岁，男童约在17～18岁出现新的骨化中心。

（3）内脏功能发育

少年儿童的功能发育状况常用心肺功能、肌肉力量及运动能力来反映。肺活量及最大耗氧量均随年龄增长而增长，但女童的增长量低于男童。男童肺活量年增长200～500毫升，女童肺活量年增长100～300毫升。儿童心率呈现负增长，即心率随年龄增长而下降，7～18岁期间约下降10次／分，女童略高于男童1.5～2.5次／分。另外，在青春期儿童血压、呼吸频率、肌肉力量、运动能力等反映身体功能的指标均有明显变化，因此在青春期锻炼时应给予关注。青春期脑的发育主要是神经纤维的增多和脑功能的复杂化，青春后期逐渐达到成人水平。

（4）内分泌的巨大变化

内分泌是在青春期中首先发生变化的系统。在中枢神经系统的协调下，各种内分泌腺分泌的激素具有“信使”作用，调节着人体各器官组织的生长发育和生理功能，是青春期发育的主要启动因素之一。当人体各种外在的生长加速尚未表现时，体内多种激素水平均已升高。

3. 青春期发育的一般特征

虽然男孩和女孩发育成熟的早晚不一样，但也有一些共同的特点，包括内分泌引起的一系列必然变化，体现在身高、肌肉、阴毛、腋毛、胡须及外生殖器官等方面的变化。这些变化对每一个青春发育阶段的孩子来说，各系统发育的顺序固然有先后，但各系统的发育却是彼此密切联系的一个整体。家长可以请医生或者保育护士为孩子检查一下他们的发育顺序是否正常。

按照青春期的发育特点，青春期可分为前期、中期、后期三个阶段。青春前期主要表现为生长突增，性发育开始萌芽，一般持续2～3年。青春中期以性器官及第二性征发育为主，出现月经初潮或首次遗精，所以，此期也称为性征发育期，一般为2～4年。青春后期的少年儿童，体格及性征继续缓慢发育，直到成熟，其体态和器官功能接近成人，此期约为3年左右。

在这一时期，大多数父母不再看得见孩子的裸体，所以，无法通过观察来评定孩子的发育状况，也没有经验给医生提供，使医生据此做出评价。比如说，如果男孩的身体突然迅速增长，声音开始变得粗而低沉，这通常是青春发育期的第一外部特征，而且往往都是发育已经持续了一年之久才出现的特征。

4. 青春期发育的三种类型

根据青春期发育开始的年龄、发育速度及成熟年龄的不同，儿童青春期发育可分为早熟型、平均型、晚熟型三种类型。

早熟型。表现为青春期年龄开始早，女童可早至8～9岁，身高迅速增长的高峰出现早，但持续的过程较短。月经初潮或首次遗精及第二性征出现的年龄均较早，他们的最终身材较矮，肩较窄，骨盆较宽，多为矮胖体形。

平均型。青春期发育的开始年龄如同多数儿童一样按期进行，其身体发育特点介于早熟型和晚熟型之间。

晚熟型。青春期发育的开始年龄比较晚，其他各项发育包括性发育都比较晚，他们的最终体形常具有身材较高，宽肩，窄骨盆的特点。

由于青春期身心发育的激烈变化，尤其是性器官、性功能的发育，对儿童的生理、心理、情绪、行为方式都会产生重大影响，因此，在青春期卫生保健方面应给予足够的重视。

5. 女孩的生理发育

即使同是女孩，进入青春期的年龄也是不同的，决定青春发育期早晚的因素主要有二：一是遗传，二是孩子童年时期的营养状况。

一般而言，女孩青春期发育开始于8岁，到了10岁则进入一个迅猛发育阶段。当她们7岁时一年还只是长高5～6.5厘米，8岁时增长速度减慢，大约一年长4.5厘米，而到了10岁左右，仿佛“刹车”突然松开，以至于在其后的两年中平均每年以7.5～9厘米的速度飞速增长。体重也由过去每年平均增加2.3～3.6千克，增加到4.5～9千克。她们的食欲也开始明显增大，以补充这一迅猛时期所急需的大量营养。

在此期间，随之而来的还有一些其他变化。女孩进入青春期初期的第一个信号是乳房的发育。一开始能注意到的是乳房内出现硬结。但父母不必担惊受怕，因为出现硬结是乳房发育的一种正常现象。接着，整个乳房逐渐发育成形。在头一年半的时间内发育成圆锥形，到月经初潮将要来临时，它的周围就已经丰满起来。偶尔也有一个乳房比另一个发育早几个月的现象，这仍属于正常，不必担心。

乳房发育不久，孩子的阴阜部开始长出阴毛，随后腋毛开始出现，臀部变宽，皮肤组织也开始发生变化。

女孩一般在12岁半时第一次来月经，人们称之为“初潮”。这时的女孩体形看上去更像一个女人了，个头也差不多已经长到应有的高度。从这时起，增长速度迅速减慢，在“初潮”后的第一年内，平均只长高3.8厘米，第二年长1.9厘米。多数女孩在月经初潮后的一两年内，月经周期都不太规律，但这不是病态，而是因为她的身体还没有完全发育成熟所致。

实际上，每一个女孩都有自己的发育时间表，而且差别很大。一个女孩青春期到来的时间早于或晚于平均年龄，并不就意味着她们体内性腺系统有问题，而只能说明早发育还是晚发育。女孩青春期开始得早还是晚遗传因素有关。父母发育较晚，孩子往往也如此。即使女孩到了13岁仍无青春发育迹象也不要着急，因为可以确信她的青春期就要开始，只不过还要等一段时间而已。

决定青春发育期到来的早晚的另一个因素，是孩子童年时期的营养情况。过去，许多比较贫困的家庭没有足够的食物，因此，女孩在平均年龄16岁的时候才出现月经初潮。

青春发育期从什么时候开始除了看年龄以外，还有许多其他各种不同因素。有些女孩在乳房开始发育的前几个月，阴毛就开始长出。偶尔也有腋毛先长出来的例子。从青春发育期的迹象刚开始出现到少女第一次月经来潮，中间通常达两年半时间。如果一个女孩完全发育成熟已达2年之久，或到了16岁之后还没有来月经，就应该请医生做一下全面检查。

6. 男孩的生理发育

男孩的青春发育期比女孩晚两年开始，一般从12岁左右开始。男孩中也有的在10岁左右青春期就开始了，而且还有一少部分男孩的青春期开始得更早。大多数晚发育的男孩一般在14岁青春期才开始，还有的更晚。

男孩在青春期身高增长的速度可达过去的两倍。阴茎、睾丸、阴囊迅速发育。通常是最先长出阴毛，然后睾丸开始变大，最后阴茎开始增大。男孩所有的这些变化都出现在身体快速生长之前，而且只有他本人清楚。因为男孩不像女孩，别人能看出她们的身体发育和乳房发育迹象。

接下来，他们开始长出胡须和腋毛，再往后，他们的声音开始变得粗而低沉。有些男孩子在青春发育期会出现乳房胀大的现象。这时，他们的乳房内出现硬结，并伴有轻度疼痛。

7. 影响发育的三大因素

青春期是儿童出生后的第二个生长旺盛期，历时10年左右，其生长发育受许多因素的影响，主要包括内分泌因素、遗传因素和环境因素三大类。

（1）内分泌因素

一般认为幼年时期分泌促性腺激素的下丘脑的机能处于抑制状态。临近青春发育期时，由于中枢神经系统的发育成熟，下丘脑的抑制状态被激活。解除了抑制状态的下丘脑可分泌大量的促性腺激素释放激素使性腺分泌性激素，性激素作用于性器官和身体的其他器官和组织。任何使内分泌功能发生紊乱的因素，都可能会影响到青春期发育。

（2）遗传因素

遗传是影响发育的重要因素。青春期少年身体的生长发育情况受遗传因素的影响主要表现在身高、体重和体形等，比如父母身体高大者，子女在青春期突长阶段的增长会高于同龄儿童。女孩月经初潮的时间往往也与母亲初潮的早晚有关。当然，遗传因素需要在一定的环境条件下才能发挥作用。有研究认为人的身高约75%取决于遗传因素，25%取决于营养、锻炼等后天因素。一个人成年时的最终身高是内外因素共同作用的结果。

（3）环境因素

遗传对青少年青春期发育的影响比较大，就生长发育而言，遗传潜力的发挥还有赖于环境因素，如营养、自然环境、社会环境等。有研究认为过重的生活负担或精神负担可使青春期发育延迟，而宽松的社会生活环境则能促进其发育。营养不良也会使青春期发育延迟，肥胖则使青春期发育提前，这些都应引起重视。

第二节　青春期孩子的心智发育

1. 智力结构的变化

青春期少年的生理变化、生活环境和人际关系的改变，必然带来智力结构的变化，萌生出了成人期的特征，但也保存着童年期的痕迹。

（1）认知能力转变

青春期少年的认知能力已明显提高，具体形象思维能力逐渐弱化，抽象逻辑思维能力逐渐占主导地位，思维活动中的组织性、创造性、独立性和批评性有显著发展。随着知识的积累和生活领域的扩大，具有了很高的解决问题、分析问题的能力。在青春期内智力水平趋于稳定，社会适应能力明显提高。但对事物的认识仍带有片面性，因此对周围发生的事情易于感情冲动。对自己的认识能力尚不足，经常过高估计自己的能力，因此可能冒险做一些自己力所不及的事情，而对自身造成伤害。由于社会知识和经验不足，常不能客观评价别人或周围的事物，不能正确判别美与丑、是与非、勇敢与暴力等。

（2）注意力

记忆力和自控能力都与注意力密切相关。在青春期，孩子的这种能力明显增强，有意识记忆开始占主导地位，并可以长时间地集中精力学习和从事某一种活动。

（3）精力充沛

他们似乎对任何事情都感兴趣，有用不完的精力，做事热情高，接受能力和记忆力增强，因此是学习和培养兴趣的最好时机，但应选择学习对象，防止被不良事物引诱。青少年儿童上进心强，思维活跃，视野也相对开阔了，因此渴望学习新知识，接受新事物。常把体育或影视明星作为崇拜的对象，并乐此不疲地收集与他们有关的信息。

2. 成人意识和独立意识

青春期少年具有明显的成人感和独立意识，言行不再像儿童那样对父母和师长百依百顺和言听计从，而是常常表现出违抗心理，想摆脱父母的管束。

（1）成人意识

由于身体的发育和长高，他们感到自己与成人的差距缩小了，自己已经是大人了，无论在家中还是在学校里都可能会以大人自居，同时也希望家里人和老师要像尊重大人一样尊重他们，不要过分干涉他们自己的生活圈子，不要束缚他们的自由，否则他们会感到很不愉快。此时强迫式教育，不但不能产生约束作用，反而造成逆反心理。

（2）独立意识

青春期少年喜欢与同龄人交往，常常成群一起活动，追求平等和理解，但由于经济上不能摆脱对家庭和父母的依赖，所以常处于独立意识和对家庭依赖的矛盾心理之中，有时还会出现不合群、冷漠、孤独等行为问题。父母应该根据他们的心理状态和变化给予及时的心理疏导。

（3）自我封闭意识

他们总认为自己是大人了，自己的许多事情不愿让父母知道，宁可写日记，自己和自己交流。即使许多自己不懂的事情也不愿与父母商量，似乎一夜之间就与父母没有共同语言了，形成了非常明显的“代沟”。此期的青少年常沉默寡言，但勤于思考，对别人的评价敏感，甚至多疑，有时甚至为了保守自己的小秘密，宁可对父母撒谎。此时父母和老师应多关心他们，多与他们交流，主动做他们的知心朋友，心理支持是他们最需要的。

3. 心理发育的里程碑

青春期少年在身体方面的发育的开始和结束都很明显，在心理上产生的变化却不容易分类。看待青春期少年感情发展情况的方法，就是看他们为了在成人的世界中有效地发挥作用，是否已经在心理上完成了必须完成的任务，即是否到达了必须到达的里程碑。

① 是否适应了身体上新的变化。

② 是否形成了一种新的，并独立于父母的，男性或者女性感情特点。

③ 是否适应了同辈人和父母的不同道德标准，能够确立并且表达自己的道德信念。

④ 是否培养起了为自己负责的意识，至少显示出具有经济上自主的潜力。

在青春期的每一个阶段（早期从11到14岁；中期从15到17岁；晚期从18到21岁），少年们努力奋斗，最后都要达到这些目的。父母的责任就是采取各种限制措施，帮助孩子安全地度过危险。但是采取什么样的限制合适，应该在孩子多大年龄时采取限制措施？这些在很大程度上取决于孩子所处的发育阶段。

4. 寻求内在的自我

冒险可以促进青少年掌握生活技巧，提高自尊心和培养决策能力。同时，随着自我意识的增强，少年们还会遇到“个人定向危机”，他们不得不去寻找自我，以实现自己的价值。

为了到达青春期心理发育的里程碑，少年们应该选择的一种努力方式就是冒险。冒险可以促进掌握生活技巧，增强自尊心和培养决策能力。成年人之所以能够判断出自己冒的风险有多大，并能权衡它将带来的利弊，就是因为在青少年时期经历了种种磨难与挫折，懂得了可以去冒多大的风险，并能估计到自己需要为此付出多大的代价。

弄明白自己将来打算做什么样的人，做什么工作和靠什么信念生活，对于青春期少年来说，是一个中心问题。这一探索和寻找的过程在某些情况下是靠他们有意识地去完成的，而在大多数情况下是他们无意识地去完成的。有人把这种情况称之为“个人定向危机”，即寻找真正内在自我的苛求。在这一寻找自我的过程中，少年会试着扮演各种角色：梦想者、流浪者、事业无成的领导者和修路者等。

为了寻找自我以及实现自我价值，青少年在感情上往往会疏远父母。但他们毕竟主要是由父母塑造的，所以不可能完全摆脱父母的影响。这不仅因为他们继承了父母的基因，还因为他们一生中都在有意或无意地模仿父母的言行。但他们必须想法摆脱父母的束缚。其努力的最终结果怎样，主要取决于三个方面的影响。

① 对父母的依赖程度有多大。

② 反抗欲望的程度有多强。

③ 生活环境的状况以及环境对他们有着怎样的要求。

第三节 跨过心理暗沟

1. 青春期的尴尬和焦虑

不管是男孩还是女孩，青春期发育来得比其他人早，都会感到尴尬、害羞、苦恼乃至焦虑。不过只要做好了长成大人的准备，其尴尬和苦恼就能避免。

无论青春期发育从何时开始，女孩都会有一些感情上的变化。虽然一般没有流露出来，但也可以观察到。一些与母亲相处融洽，而且愿长成妈妈那样的女孩，意识到自己在不断长大的时候就会很兴奋。无论她比其他同学发育得早还是晚，对她都没有影响。但有的女孩会怨恨自己是个女的。这可能是因为她嫉妒她的兄弟，并愿意有一个男孩的身体；或者是因为她与母亲相处不融洽，因此不想长成母亲的样子。这类女孩在青春期发育的迹象刚一出现时，就会厌恶或惊恐。

有些女孩的青春期如果早于或者晚于一般同龄人，她们也会产生心理波动。如果一个8岁就进入青春发育期的女孩发现班上只有她在快速长个儿，并且初具女性身段，她就会感到尴尬和害羞。尤其是在10～14岁之间，一般女孩比一般男孩发育整整早两年。她们不仅个子比同龄男孩高，而且兴趣也比他们广。她们开始喜欢跳舞，喜欢自己具有魅力。而男孩这时只是一个未发育的，看到女孩就感到害羞的小孩子。

由于这么大的孩子在身体和情感方面变化很大，所以对自己身体上发生的变化感到特别害羞。他们可能夸大自己的任何一点缺陷，并为此而担忧。如果一个女孩的脸上长了雀斑，她就会认为这使她看起来很“可怕”，或认为自己“不正常”。当然，并不是每一个发育早的女孩都会如此。这取决于女孩在多大程度上做好了长大成人的准备，以及她渴望长大成人的程度。

青春期来得太迟也会令女孩感到烦恼。一个到了13岁还没有任何青春期迹象的女孩会注意到她的同学们在迅速长高，身段发育更像一个成熟女性，而她自己却生长缓慢，仍保持着孩童的体型。这类女孩也许会认为自己不正常。父母应该让这样的女孩确信，如同太阳每天东升西落一样，自己也必然会成长发育。如果她的母亲或者其他亲戚是晚发育者，那就应该告诉她这一点，同时向她保证，到时候她也会长高，也会发育成女性的身段。

男孩同女孩一样，当身体和感觉发生变化时，在心理上和感情上也会经历一段尴尬和难为情的阶段。男孩的声音将会继续变化，但是他的声音能告诉别人他既是一个孩子又是个男子汉，然而他又什么都不是。另外，同龄的女孩子一般都比男孩子提前两年在身体上先发育成熟，而且常常在社交方面也比男孩子早两年成熟。

在14岁时仍是个“小不点儿”的男孩，看到大部分同龄朋友几乎都成了大人就会焦虑起来。所以家长一定要给孩子做工作，让他们不必为此而担忧。虽说身高、体型和运动能力的发育在这一时期十分重要，但是也不必像有些家长那样，不是去安慰孩子，告诉他们不久他们的青春期就会开始，并会长高11～23厘米，而是到处去寻找医生，而医生就给孩子吃激素。于是，这些孩子就真的认为自己有毛病。的确，不论孩子的年龄有多大，只要给他补充足够的荷尔蒙，就能使他出现青春期的迹象，然而，这样做却会由于过早地终止了孩子的骨骼发育，从而使他达不到本应达到的个头。因此我们必须反对采取违背自然规律的做法。只有在极个别的情况下，如果孩子的荷尔蒙分泌过多或者过少，才可以在儿科内分泌专家（荷尔蒙专家）的指导下，给男孩或者女孩服用激素类药。

2. 发育早期为何反感父母

11～14岁的孩子处于发育早期，可能无法像过去一样适应自己发育的身体，也无法适应自己的新情感。她们容易为小事动怒，受到批评时心里会觉得很伤心。她们有时希望自己是“大人”，并能受到别人的重视，可是有时又希望自己是个孩子，需要别人的关心和照料。

青少年在几年内将会时常对自己的父母表示反感，当小伙伴们在场时他们就会表现得尤其突出。这一表现的原因之一是他们在焦急地寻找实现自我价值，另一个原因就是他们的害羞心理。他们十分希望处处像其他伙伴们一样，并完全得到朋友们的认可，害怕因为父母做事偏离了邻里街坊的行为准则而受到同学们的嘲笑和拒绝。

3. 在伙伴中间寻求情感支持

为了确立自我，青春期少年在早期阶段常常不理睬父母。这样一来，他们就会感到非常孤独。于是，他们就非常想寻找一种补偿，即与同龄人建立起一种亲密的关系。

他们最初通常是与同性孩子形影不离。他们建立起的这些友谊，无论是与同性之间的还是与异性之间的，都有助于使他们获得某种外来支持。当他们放弃了自己是父母的子女的身份，而且还没有找到真正的自我之前，他们就像一栋摇摇欲坠的房屋需要依附于一些木桩的支持一样。有时一个男孩发现好朋友身上有类似自己的东西以后，就更清楚地认识了自己。他可能说起他喜欢某一首歌、恨某一个老师或者渴望得到某一种衣服。他的朋友就会十分惊讶地大声说他也有同样的想法。两个人为此都很高兴，都感到心情舒畅，而且在一定程度上二人减轻了孤独的心理，减轻了思想上那种奇怪的感觉，并同时获得了一种愉快的归属感。

4. 对父母的抱怨和指责

15～17岁属于发育中期，此时的青少年已适应了自己生理上的成熟。这时，他们面临着两项重要的心理任务。第一，必须适应自己的性欲，适应与同性或者异性浪漫地相遇时而引起的矛盾情感。第二，必须从情感上与父母分开，并认为自己能够独立做事。依赖与独立成为这个过程的一部分，并相互斗争得十分激烈。

青少年常常抱怨父母不给他们足够的自由。接近成年的孩子坚持自己的权利是很自然的事情，但是父母也不必把孩子的每个抱怨都当回事儿。

实际上，青少年害怕长大。他们对自己的能力缺乏信心，比如对自己能否像自己希望的那样，成为博学的、熟练的、经验丰富的以及具有吸引力的人均没有把握。但他们的傲慢又不允许他们承认这一点。当他们下意识地怀疑自己，能否成功地战胜某一挑战或者危险的时候，他们总是会认为是父母起到了阻碍作用，而不是自己的恐惧在作怪。因此，他们与朋友谈论此事的时候，就会愤怒地指责或者责怪父母。当孩子突然宣布他们的组织要实施一项行动计划时，父母可能会十分怀疑这个无意识的越轨行为，因为孩子从未做过这样的事情。其实正如父母所料，孩子这样做可能是在要求父母制止自己。

他们还可能密切注视着表明父母虚伪的证据。如果父母对他们定的家规和道德标准表现出明显的不可动摇，孩子就觉得自己是被迫去继续坚持遵守这些规矩和道德标准。但是，一旦他们发现了父母的虚伪，他们就可以不必在道德责任方面与父母保持一致，而且还找到了一个责怪父母的大好机会。但是与此同时也让他们失去了安全感。

5. 独立后的激进、抗争及妥协

对发育晚期的青少年来讲，必须开始对自己负责。一旦他们获得一种独立以后，往往就会有一种改造世界的强烈愿望。当他们踏上冒险之征途，一个从激进、抗争、消极反抗到妥协的过程便再次上演。

青春期少年到了18～21岁时，属于发育的晚期阶段，随着个人的情感、身体和道德特征的发展，多数矛盾缓和了下来。如果他们没有经历过反抗家长的阶段，他们就可能会缺乏离家到外面的世界去闯一闯的动力。对这个阶段的青少年来讲，最重要的一项任务就是离开家庭，开始为自己和自己的行为负责，并从中找到真正的独立。

当他们获得了这种独立以后，他们也就有了一种强烈的愿望：改造世界、找到新方法取代过时的旧方法、寻找新发现、创造作品、纠正错误等。数量惊人的科学发现与艺术代表作都是那些刚刚踏入成年的人所创造的。同他们年龄大的人相比，这些人在自己的领域里并不更聪明，经验也要少。但他们对传统方式的不满，促进他们偏爱新的和未曾有人尝试过的方法，勇于冒险。这些足以让他们达到自己预期的目标。

有时候，年轻人要用5～10年的时间才能真正找到自己的明确个性。但他们也可能在半路搁浅、停止不前。其表现特点是，或对社会主流消极抵制，或退出社会的主流（他们把社会主流与自己的父母等同起来），或予以激烈的反抗。因此，他们可能拒绝像他们的父母那样从事一项平凡的工作。相反，他们可能穿一些不合习俗的奇装异服，不修边幅，接纳一些不认识的人，夜不归宿。他们似乎觉得，这些决定能证明他们强有力的自立精神。

但这些东西本身加起来并不是对生活的一个积极立场，对世界也没有什么建设性的贡献。实质上，它们只是对传统的一种消极反抗。即使当这种追求独立的努力只是以古怪的外表而告终，也应该把它看做是向正确方向迈出的尝试性的一步。对他们的这种评价有利于把他们引向一个建设性和创造性的阶段。事实上，生长在有牢固的纽带和很高目标的家庭里的年轻人，很可能为了自由不得不做出很大努力。

其他有理想化和利他主义特点的年轻人，通常多年对事物持一种非常激进或者纯粹派艺术家的观点——在政治上、艺术上或者其他领域都是如此。这个年龄段的各种倾向联合作用，把他们推上了极端的位置。当他们意识到自己生活的世界充满了不公正的时候，为了反击，他们就走向了猛烈抨击、愤世嫉俗、蔑视妥协、奋力抗争、自愿牺牲的道路。几年以后，当他们已经在感情上独立于父母，并清楚如何在自己选择的领域内发挥作用时，他们就比较能容忍朋友的弱点，比较乐意去做出一些建设性的妥协了。但这并不是说他们又开始变成自满的守旧者，虽然有许多人仍旧思想进步，甚至依然很激进，但毕竟大多数已变得平和、容易相处。

6. 以成年人的态度相待

做一个聪明的家长绝非易事。无论父母是否有道理，大多数青少年往往都会反对或反抗。但最重要的一点是，不管和父母怎样争吵，他们还是希望得到父母的指导——哪怕得到的是毫无商量余地的规定。他们的傲慢不允许他们公开承认这种需求，但在内心里他们常常想："我希望父母为我制订一些明确的规定。就像我朋友的父母那样。"他们意识到父母爱他们的一面，就是想保护孩子在外面不被误解，不陷入尴尬境地，不让孩子给他人一个错误印象，得到一个不好的名声，不至于因为没有经验而遇到麻烦。

但这并不意味着父母可以武断，可以言行不一或者蛮横。青少年特别注意自己的形象，有着强烈的自尊，他们希望父母按照成年人的态度对待他们。然而，如果争论的结果是彼此都说服不了对方，父母不用表现得太民主，认为孩子的意见可能正确。父母的经验应该被孩子看得相当重要才行。最后，父母要自信地表达自己的观点，如果合适，还可以提出明确的要求，让孩子表达他们的明确态度。

父母应以暗示的方法让孩子知道他以后大多数时间将不再和父母在一起，因此孩子只能凭自己对父母的良心和尊重来做事。

父母一定要与年轻的孩子谈论一下这些问题：孩子应该什么时候从晚会或者约会回来，要去哪里，和谁一块儿去，以及谁来开车等。如果孩子问家长为什么问这些，家长可以回答说："优秀的家长要对自己的孩子负责。"或者可以这样说，"万一出了什么事，我们可以知道该去哪里打听，或者去哪儿找你。"出于同样的理由，父母也应该告诉孩子他们要去哪里，什么时候回来。如果外出计划推迟或者发生变化，孩子或父母在不能按时回来之前都应该打电话说明一下。这实际上就是一种尊重。

7. 孩子为什么听不进意见

父母通常爱犯的错误就是，出于一种关心而采取"居高临下"的说教姿态，乃至不顾及孩子的感受和尊严，用命令或盛气凌人的口吻对孩子讲话。这显然违背了孩子的心理需求，只能使孩子厌恶。

但即使父母懂得尊重孩子，并和颜悦色地对孩子进行教育，讲一大堆道理，孩子仍会有明显的抵触情绪。一方面，孩子一开始的时候对自己的信念很不自信，因此的确需要听听父母和其他成年人的观点。但另一方面，青少年有一种在思想上和行为上不断独立于成人（父母或老师）的强烈要求，所以他们不希望别人指手画脚，也不想别人对自己说话时盛气凌人。

许多父母注意到自己已到青少年的孩子不愿意听自己的意见，而且尊重孩子为自立而做出的努力。所以，他们便小心翼翼地把自己的观点掩藏起来，并且抑制自己不去指责孩子的爱好和举止，生怕让孩子觉得自己太守旧或者太让他们难以忍受。

但这一做法并非最佳方式，因为它可能导致孩子开始猜疑，客观上仍然让孩子觉得自己被按照未成年人的身份来对待。最好的做法应该是，很随便地和孩子交谈。比如和他们交流观点，并把自己年轻时的一些情况说给他们听。谈话时，要像同一位受尊重的成年朋友谈话一样，而不应该认为自己年纪大，所以说起话来就像给孩子制定法律一样，或者觉得只有自己的观点才是正确的。这样一来，就能让孩子渴望成为成年人的心理需求得到回应乃至满足，虽然青少年不会愿意接受父母过度的指导，但这并不意味着他们未曾从谈话中受益。

8. 如何消除抵触情绪

如果孩子与父母的关系比较牢固，他们就不会在青春期发育早期对抗或抵触父母，而且往后也可能仍然这样。但即使稍大一点儿的孩子抵触父母的指导，这也并不意味着这种指导没有任何作用，它肯定有益于帮助孩子听取各方面的意见。如果孩子不愿接受父母的指导，他们可能自行做出比较合理的决定，因为他们可能具有父母所缺乏的知识或者洞察力。毫无疑问，随着他们逐渐进入成年，他们偶尔需要去反对他人的建议，并为自己的决定负责。他们必须做好这种思想准备，如果他们不按父母说的去做并招来麻烦，尽管他们可能不愿意承认事实，这种经历也会使他们更尊重父母的判断。

那么，当父母遇到某个问题不知道该说什么或者该做什么的时候怎么办呢？这时父母不但可以和孩子，还可以和其他父母商量。但即使是唯一持不同意见的父母，也没有必要在没有商量出结果之前就觉得自己必须按照他人的方法行事。从长远来看，只有父母确信自己所做的事是正确的，才能做得很出色。

下面不妨提出两个指导原则，但时代在不断地变化，同一个国家的不同地区以及同一社区的不同团体都各不相同，每个孩子的成熟期和信赖度也有差别，因此这两个原则并非放之四海而皆准。

①无论是个人还是团体，青少年应该对人彬彬有礼，真诚地对待自己的父母、家人、朋友、老师以及同他们一起工作和学习的人。不知年轻人是否意识到，他们有时对成年人产生一种哪怕是很轻微的敌视，每当和他们在一起就会发生冲突。这属于正常现象。但不管怎样，控制自己的敌视态度和礼貌待人不至于有什么害处。如果他们表现得彬彬有礼，与他们有关的成年人肯定会对他们另眼看待。

②青少年应该认真地对家庭尽自己的义务。应该定期帮助父母做些家务活和某种额外工作。这种工作对他们的好处很多，能使他们不仅获得尊严感、参与感、责任感和幸福感，而且还帮助了父母。

9. 在孩子的“逆反心理”面前

儿童心理发展过程中会出现两次逆反心理，第一次出现在3岁左右的幼儿时期，第二次出现在青春发育期。青春期少年出现逆反心理是一种正常现象，是儿童走向独立生活的开始，父母应正确对待他们成年以后的生活。

（1）尊重孩子的意见

青春期孩子已具备了成人意识，无论生活还是学习的各个方面均有了主见，并逐渐形成自己的性格特点。因此父母不能强制孩子做这做那，而应该尊重孩子的选择，并因势利导，只要不违背原则，父母就应该尊重孩子的意见，并尽可能地提出自己的看法供他们参考，毕竟他们社会经验有限，当好参谋还是必要的。

（2）尊重孩子的独立

青春期少年的独立意识是孩子走向成熟的标志，千万不要一看到孩子有独立意识便加以遏制，否则的话只能使孩子的反抗心理更加剧烈，并造成双方之间不可调和的矛盾，使以后的教育失去效果。每位孩子都有自己的爱好和生活圈子，只要他们的要求和行为方式是正当的，父母就应该给其自由，不能以家长的爱好和生活习惯来要求他们。

（3）明确规定，坚持原则

约法三章并不是让父母制定家法，而是要父母明确告诉孩子，哪些是正确的事情，可以做，哪些是错误的事情，应该放弃，并据此制定出日常行为准则。在是非原则面前，父母应该态度坚定，绝不含糊。对孩子的无理要求要坚决拒绝，并说明理由；对孩子的错误行为要立刻指出，并说明其错误之所在及其危害性。

（4）树立榜样

父母是孩子的第一任老师，父母的行为总是潜移默化地影响着孩子，对孩子性格的形成发挥着重大作用。日常生活中父母之间和家庭成员之间要讲民主，凡事讲道理，这样孩子会自然形成尊重事实，与人和谐相处的性格特点。

10. 以身作则，不说脏话

几乎绝大多数青春期的孩子，在交谈中都很随便地夹杂一些脏话。他们使用这些脏话的目的有以下几个：表达厌恶和鄙视，这是许多青少年的一种常见心态；强调话题的重要性；发泄情绪；对武断而且过时的社会禁令表示公开的藐视。但在这一阶段，孩子骂人的主要目的是把它作为一个标志，以证明自己属于该年龄群体中的一员。鉴于这种情况，父母的合理做法就是对他们提出要求，比如不许在学校里骂人。这样一来，父母就不必在骂人是好还是坏的问题上与孩子争论了，因为此时孩子已经知道了什么行为会使父母不高兴。

但要注意的是，有些家长本身就是喜欢骂人的，即使在孩子面前也随便地说着粗话或骂人的话，这无疑会影响孩子的认识。对于这样的家长来说，如果改不掉骂人的习惯，至少应该在孩子面前不说。但这也可能面临一个问题，就是父母掩盖了自己的面目，当孩子发现时就会非常反感，乃至对父母不屑一顾，从而使逆反心理更加严重。每个孩子都是有自尊心的，他们对父母有着一种期待，并有效仿父母言行的爱好和天性。如果父母言语粗暴，口无遮拦地说着粗话，就往往使孩子跟着说粗话。有的孩子虽然表面没有说粗话，看着父母有那些糟糕的行为，就可能在背地里随意而为。最为关键的一点就是，父母如果看见或发现孩子也变得粗俗，乃至言行都变得像一个街头少年的样子，很可能大发雷霆，对孩子大打出手，但这种做法肯定是会让孩子心有不甘的，因为在孩子眼里，作为家长，首先就表现得言行不端。因此，要改变孩子说脏话的习惯，就得以身作则，让孩子意识到说脏话是令人讨厌的行为。

第八章
性知识

人的性欲从出生不久就萌芽，并伴随着孩子的成长而发展变化，表现出不同的特征。父母应从小就重视孩子的性教育，采取适当的方法对孩子进行引导，不仅要尽量解除孩子心中的疑虑，还要重点培养孩子树立起健康理性的性观念和责任感。

第一节　人的性欲

1. 关于性欲的基本观念

性别是天生的，也是人类本性的一部分。但由于家庭文化和价值观的不同，人们表露性欲的方式也不一样。在某些文化中，人们欣然地把性行为看做是日常生活中基本的组成部分。有的文化则由于受到清教主义的影响，总是为性欲而感到不安，而且不知道怎样去把它表露出来，但在这样的社会当中，人们却偏偏对性尤其着迷，这正是性压抑造成的，也正是这种性压抑才刺激了人们对性的宣传。而对于个人来说，无论是父母还是孩子，其表露性欲的方式都是他们身处其中的价值体系的中心问题。

首先我们思考一下，人的性欲究竟是什么？它应如何表露？作为父母，想对孩子灌输什么样的性欲价值观？这些都将是我们不得不回答的问题，父母应先回答自己，然后再去回答孩子。

简单回顾人在一生中的性欲发展过程，可以帮助我们回答以上问题。站在个人的角度，我们必须在以下三点认识的基础上来看待。

① 性欲是生命赋予人的令人愉快的生理感觉的展现，是人性不可少的部分；

② 最佳状态的性欲是两个人对爱情的创造性表露；

③ 教育孩子的目的是让他们在作性行为决定时，要有责任心和强烈的道德感。

2. 性欲的发展历程

这里说的性欲是指从一般的身体接触中获得的感官享受，而不是指局限于生殖器官的感官享受。

（1）0 ~ 0.5岁

所有的婴儿在自己身体受到接触的时候都有一种难以抑制的快感，尤其是当他们的某些部位，比如嘴和生殖器等被接触的时候，快感尤为明显。他们吃东西的时候总是津津有味，吃饱了以后还要咂咂嘴表示满足，饿了的时候则大声叫嚷。当他们让别人抱着、抚摸、亲吻、挠痒、按摩身体的时候，就会表现出无法掩饰的快乐。毫无疑问，快乐是他们的最高追求。

随着时间的推移和根据外界对他的这种性欲的反应，幼儿开始把某些情感和想法与舒适感联系起来。如果当幼儿在用手摩擦他的生殖器的时候被告知，“不要摸那儿！那样做很难看！”他就开始把这种感觉与不允许联系起来。

当然，他可能会停止这种行为。但是他对快感的欲望并没有因此而消失，而且还会纳闷为什么这种令人愉快的行为会被禁止。这样，在身体的迫切需要和社会的禁令之间就产生了矛盾。这往往是幼儿首先要面临的矛盾之一。弗洛伊德认为，我们长大成人以后的性格在很大程度上取决于这种矛盾的解决方法。

（2）0.5 ~ 1.5岁

婴儿半岁以后，通过随意地摸索身体的各个部位发现了自己的生殖器，这和他们发现自己的手指和脚趾的途径完全一样。他们抚摸自己的生殖器的时候有种快感，并且在他们的成长过程中一直记得这种快感。因此，他们就经常有意地去抚摸自己的生殖器。

（3）1.5～2.5岁

儿童开始意识到性别的不同，尤其注意到男孩有阴茎而女孩却没有。他们就是这样开始看待性别的。到了1周岁末期，他们就已意识到自己的生殖器，用手触摸时渐渐感觉到一种快感，然后随着抚弄的多次进行，像真的手淫一样。后来他们又知道了女孩有阴道和小孩子可以生长在里面的子宫，而这两样东西男孩都没有。这时，他们对生殖器的本能兴趣导致了手淫次数的增多。

（4）3～5岁

如果儿童长到3岁以后，大人还没有禁止和阻止过他们的手淫行为，以后他们就会经常手淫。不管是男孩还是女孩，都有手淫现象。除了用手触摸他们的生殖器外，他们还可能用两条大腿进行摩擦，或者有节奏地前后来回摇晃，或者骑在沙发椅或者扶手椅的扶手上，或者趴在经常玩耍的填充动物身上做一些骨盆前冲动作。

这个年龄的男孩和女孩毫不掩饰自己对异性身体的兴趣，而且如果他们得到允许，还会同时把身体的某个部位露出来让对方触摸。玩医生看病的游戏有助于他们满足对异性的好奇心，也有助于他们在性知识学习成长为更健康的成年人。

另外，这个年龄的儿童在感到紧张、受到惊吓或者担心自己的生殖器发生什么不妙的事时，也会触摸他们的生殖器来自我安慰。所以我们不能希望小孩杜绝手淫行为。

（5）6～9岁

精神心理学家们认为，儿童在6～9岁与青春期开始之间的这个阶段，存在着一个性兴趣和性行为减少的时期。但是，研究儿童发展的人注意到，尽管这个年龄段的儿童的手淫行为不大公开，而且也不太频繁，但是实际上他们仍然在继续手淫。他们继续利用手淫带来的平静、舒服的感觉效果来帮助他们应付各种各样的焦虑感。

在这个年龄段的孩子中，男孩互相比阴茎的大小，女孩互相比阴蒂的样子和大小是常见的事情。儿童与同伴之间一直存在着相互攀比现象，本阶段的这种攀比只是整个过程中的一个插曲。

3. 性压抑与浪漫情感

青少年既有性欲，即生理本能，又有着异性之间温柔的、自私的和理想主义的爱慕之情，亦即“浪漫情感”，主要是青少年在儿童时代与父母相处时学到的，父母的爱显然就属于这种类型。

青少年的性欲出现于两个较早的矛盾阶段。在3～6岁阶段，儿童通过使父母理想化和对浪漫情感、性欲和孩子的兴趣，使自己在精神上得到成长。在6～12岁阶段，他们通过复杂的情感斗争把大部分对浪漫情感和性欲的兴趣压抑了下来。他们不再专注于父母，而是转向不涉及个人情感的外部世界，对社会的适应，学习法律、科学等。

进入青春期之后，生理上的压力驱使儿童再一次迷恋于对性和浪漫情感的兴趣。但他们复苏的性冲动在几年之内仍然摆脱不了早期禁令的束缚，而且还会使他们产生困窘、负罪感和羞涩。他们和异性交往时的羞涩感就是典型一例。

这些情感之间的矛盾也给孩子与父母的关系带来了一定的麻烦。当强烈的浪漫情感充满心田的时候，它就会像春天的洪水冲过干涸的河床一样，首先奔向自己的异性家长。但他们也意识到他们这种行为的错误。因此，他们在这个阶段首先要做的事情就是把感情从父母那里转移到家庭以外的其他人身上。实际上，儿童常用对父母的消极情感来掩饰那些正面的情感。这至少部分地说明了为什么一个男孩会那么频繁地与母亲吵架，以及为什么女儿可能会莫名其妙地对她的父亲不时产生敌对情绪。

青春期的孩子根本不清楚自己的情感所属。因此，在对待不同人的态度上，是既热情又浪漫，可是在这个年龄，他们又不知道怎样把自己的感情施于具体的某个同龄的异性身上。如果孩子是一个害羞、理想化的女孩，情况就更会如此。她可能会很钦佩某位同性的老师或者小说中的女主人公。她和异性之间的壁垒的消除是一个缓慢的过程。也许青少年第一次敢于幻想的是某个明星，然后才开始对男女同学之间的交流产生向往。但对于害羞的孩子来说，要他们面对面地表示对某人的兴趣可能还需要更长的时间。

即使少女的本能已经冲破了早期的限制，并且已经开始与男孩约会，但是她仍然保留部分精力，并把它投入到理想的渴望中去。这部分精力的一部分将保证她对异性的态度是浪漫的和理想化的。但是它的另一部分将被升华为一种抱负，即创造美的东西或者为人类做出伟大贡献。这种抱负在表面上看与性无关。

在对异性产生兴趣的最初阶段，一些青少年可能意识不到对自己尊敬和亲切的人有与性有关的感情，而只能意识到与感情稍微淡薄的人之间有这方面的情感。但有些人一生都处于这种状况，这是一种严重的情感对立迹象。如果父母发现这种迹象，就应该向精神病医生或者心理学家寻求帮助。

在青少年对自己的性欲有安全感并且把它与自己的人格融为一体之前，性欲仍然是一种令他们尴尬、激奋的独立的本能。对性的好奇和强烈欲望驱使他们去通过亲身实践来发现事实真相。当然，他们的这种情感与他们的理想化的情感是背道而驰的。他们可能温柔地爱上某个人，但同时又发现自己急不可待地想去和对方发生那种不是出自本意的不正常性行为。

十几岁的少年很容易经历一系列的热恋，而且每一次都有强烈的热恋感。但这种爱来得快，去得也快。造成这种情况的原因有时是因为他们其中一个或两个都变了。更常见的原因是，他们一开始爱上对方是由于从对方身上发现了某种理想的东西，而这种理想的东西与现实几乎没有任何关系。随着时间的推移，他们会以警惕的现实态度去寻找自己想与之相处的人，并有了更多的东西以给予对方。

4. 正确看待手淫

作为父母，即使知道孩子有手淫现象，也不用试图去引导孩子，因为手淫并非什么大问题。人们之所以认为它严重，只因为传统错误观念残留在人们的无意识当中。

正如前面提到的，随着年龄的增长，几乎从1岁左右开始，孩子就会不自觉地、愉快地了解自己的身体。在幼儿阶段，男孩或女孩对彼此身体上的不同充满好奇心，就正如对事物的好奇一样。他们的性意识也逐渐成长起来。在接近2周岁的时候，他们开始意识到自己的生殖器，并用手触摸，但并没有产生愉快感，不过到了一定阶段，愉快感就会逐渐感受到。大约从3岁开始，孩子已部分地懂得了关于性的问题。

在幼年乃至学龄阶段，孩子抚弄自己的生殖器，看似真的手淫。在这里需要提请家长注意的是，对于小男孩来说，触摸身体突出的部分，比如触摸生殖器，是完全正常的行为，并且这种触摸也维持不了很长时间，甚至没有任何目的，因此那种愉快感也并不特殊，与性快感完全不同。所以父母也不必阻拦，尤其不应该在没有说明理由，或说明的理由不够充分的情况下去呵斥孩子。从某种程度上来说，这的确会给父母带来尴尬和为难，实际上，并非找不到一个好办法，孩子既然年龄还小，性意识刚刚萌芽，如果呵斥孩子，孩子就很可能偷偷做。所以，父母此时最需要做的，就是顺其自然。如果孩子在公共场合手淫（这也说明孩子并没有这方面的认识），父母感觉难堪，就想办法分散孩子的注意力，比如给他玩具或对孩子有吸引力的其他事物。

如今的大多数父母由于受过现代教育，他们对性知识已经有了许多了解，这其中就包括手淫。但仍然有一些家长似乎受到传统观念或某种固有思维的严重影响，坚持认为手淫是一种低级下流的行为。像这样的家长，恐怕需要看心理医生以获得健康的性心理。

我们现在重点讨论的是青春期的手淫现象。但手淫现象并非属于青春期特有，如果我们将它仅仅看做一种行为，也许能更好地说明问题。实际上，就算已婚夫妇，也有手淫行为。

对于孩子来说，进入青春期以后，关于自我和世界已经有了明显的意识，而性欲的发展和生殖器官的发育也为孩子的手淫行为提供了基础。他们之所以手淫，往往是因为希望得到性满足，但也可能是借此舒缓某种情绪或压力。当然，以手淫的方式舒缓压力的孩子，其性心态也是健康的，因为他们没有感到手淫是不道德的从而陷入紧张。而那些进行手淫之后或之前就感到紧张的孩子，可能受到社会偏见的影响较深。他们认为，这是不光彩甚至极其不道德的，一旦别人发现他们手淫，他们就会感到难堪。这也是现实的一种情形。

不过不用太过担心，手淫对身体并没有害处，反而有助于身心健康，除非过度手淫，使前列腺反复充血，或不注意卫生，导致生殖系统感染。这是需要注意的。

第二节　性教育

1. 不知不觉的开始

许多人认为，性教育就是在学校里听讲座或者在家里听父母严肃地讲解。这样看待这个问题未免目光太狭窄了。孩子在童年时代，即使他不能通过一种好的渠道来获得一些有关生活的事实，他也会通过某种不太系统的方式来获得。性的问题不仅仅局限于婴儿是怎样产生的问题，其范围要宽很多，包括男女如何相处的整个内容，还包括他们各自所处的地位及角色。

例如，一个小男孩的父亲总是对这个孩子的母亲发脾气或辱骂，我们就不能通过学校讲座的形式来教育他说，婚姻就是男女彼此相爱和尊重的关系，因为他的经历告诉他事实并不是这样。当他从老师或其他孩子那里了解到性知识的时候，他就会把它和他曾见过的男人对女人发脾气的场面联系起来。对于女孩来说同样如此。有这么一个女孩，在成长过程中始终觉得自己是个多余的人，她觉得男人总在发脾气，而女人总是无辜的牺牲品，而这种局面也不可能得到改变，因此她就憎恨男人。无论让她读多少本性和婚姻方面的书，无论对她进行过多少次有关性和婚姻方面的谈话，都不会改变她的看法。因为不管她听到过什么或者有过什么样的经历，她都会把它与已经扎根于她头脑中的那种模式联系起来：男人总是占女人的便宜，而女人则无法改变。

所以，一旦孩子觉察到父母如何相处，父母对儿女的感情如何，以及意识到父母亲的身体和不同性别的玩伴身体上的差异时，他们的性教育就已经开始。

2. 当孩子的问题涉及性

儿童大约从2岁半至3岁半的时候起，就对有关性的知识开始了解得越来越多。这是一个儿童求知欲强烈的阶段，问题也涉及各个方面。他们可能想知道为什么男孩和女孩不一样，只不过他们不认为这是性的问题，而是一系列重要问题中的一个。首先要强调的是，如果得到的是错误印象，孩子以后就会把它同性的问题相混淆，导致他们对这个问题的曲解。

“孩子是从哪儿生出来的？”3岁左右的孩子很可能提出这样的问题。对此，父母最好告诉孩子事实，因为这比先编一个虚构的故事然后再去改变要容易得多。回答这个问题的时候需要用孩子使用的简单语言。一次给这么小的孩子讲很多东西他就会糊涂，而每次用简单的语言解释一个问题，孩子就会理解得比较透彻。例如，可以说“孩子长在妈妈身体里一个特殊的地方，这个地方叫做子宫。”家长暂时只告诉孩子这些就足够了。

但很可能在几分钟以后，也可能在几个月以后，他们又有了新的问题：孩子是怎样进入妈妈身体的？孩子又是怎么出来的？第一个问题很容易让父母感到尴尬，并会仓促地认为孩子想了解怀孕和性关系的知识。孩子当然并没有这样的想法。他们以为东西之所以能进入胃里是因为人们吃了它，所以他们就可能会以为孩子也是那样进入妈妈体内的。对于这个问题，家长可以简单地告诉他：孩子是由一颗种子长大的，而这颗种子一直待在妈妈的肚子里。

有些人认为，在孩子第一次问及这些问题的时候，就应该告诉他们是爸爸把种子放进妈妈体内的。也许这样做是正确的，对那些认为男人与此没有任何关系的小男孩来说，就更应该这样解释。但是大多数专家一致认为，没有必要把父母之间的肉体接触和感情交流准确地告诉3~4岁的孩子。而且孩子并非想了解这么多，因此我们应该做的只是在孩子能理解的前提下满足他们的好奇心，让孩子觉得问任何问题都是可以的。更重要的是，让孩子听到和看到父母互相拥抱和亲吻，互相友好，互相帮助以及相互尊重，对他是有一定好处的。

至于“孩子是如何出来的”这个问题，父母在回答的时候让孩子理解到这个程度就足够了：孩子在妈妈的肚子里长到足够大的时候就从一个专门的通道钻出来，这个通道叫阴道。但是一定要让孩子明白这个通道既不是肛门也不是尿道。

4~5岁的孩子甚至更大一些的孩子可能会提出这样的问题：“为什么直到你们结婚了才有孩子？”或“爸爸和生孩子有什么关系？”，等等。这时就可以向孩子解释说，种子从爸爸的阴茎里出来进入妈妈的子宫。子宫是一个和肚子不同的地方，孩子就在这个子宫里生长。但孩子还需要过一段时间以后才可能想象出这样的情景。当他们能够理解这件事情的时候，家长就可以用发自内心的话满怀感情地透漏一些有关爱抚和拥抱之类的事情，告诉孩子他们是如何献身于对方，如何送给对方东西，如何共同拥有孩子并且共同照顾他们，以及这些是如何伴随着肉体的爱和希望，把来自父亲阴茎的种子放到母亲的阴道里去的。这一切对孩子来说都是很重要的。

换句话说，在对孩子进行性教育的时候，不应该只从解剖学和生理学角度来解释性，而应把性与理想和精神联系起来讲。因为性既是肉体的，也是精神的。恋爱中的男女都希望互相关心、照顾和安慰，最终共同拥有一个优秀的孩子。在任何时候，即使父母彼此意见不同时也一样，都要表现出对对方的帮助、体贴、友好和尊重，来为孩子树立一个好的榜样。

如果在大街上或在其他地方与一位孕妇谈话时，身边的孩子突然提出怀孕的问题，家长就要尽量抑制住自己的冲动，不要嘘声让孩子闭嘴。可能的话，你可以当场就回答他的问题。如果不可能，就可以装做漫不经心的样子，随意地说："过一会儿我就会告诉你的。"也不要把某个场合搞得太严肃。在回答有关性方面的实际问题时，要尽量回答得自然，就像回答孩子问为什么草是绿色的等问题时一样。对于孩子来说，他们问问题只是为了满足单纯的好奇心而已。即便父母觉得难为情，只要回答得直接明了，孩子就并不会感到难堪。

并不是到了某个年龄段，孩子就一定会提出某种问题。举例来说，有的孩子到了4~5岁甚至更大一些的时候，还提不出任何问题。父母可能会认为这是因为孩子很单纯。但多数认真研究过儿童的人会提出不同看法：无论父母是否有意给孩子造成这样的印象，孩子都有可能觉察到这样的问题令人尴尬。作为家长，不妨仔细留意孩子为了试探家长的反应可能会间接地提出问题，或旁敲侧击，或开小玩笑。这时就是父母向孩子解释的好机会，千万不能错过。如果一个小女孩想知道她为什么和男孩子不一样，她有的时候就会做出勇敢的努力，像男孩子一样站着撒尿。在和孩子谈论动物的时候，父母应该时刻留意孩子间接地提出的问题，并帮助解答孩子真正想了解的问题。每天基本上都有这样的时机。即使有时孩子并没有直接提出问题，父母也要作出明确的解释。

3. 编瞎话是行不通的

关于怀孕方面的知识，父母回答起来可能会觉得尴尬或难以回答，于是有人就会说："给孩子讲怀孕的事编个瞎话岂不更容易？大人也用不着那么难为情。”但这样做是有很大问题的。

第一，我们都知道一个3岁大的孩子，如果看见某个阿姨怀了孕，他可能会通过观察她的体形或偷听大人的只言片语而怀疑孩子到底生长在哪儿。如果大人告诉他的情况与他怀疑的事实不同，就会很容易使孩子感到迷惑和心烦。即使他在3岁的时候没有起疑心，到他5岁、7岁或9岁的时候就一定能发现事情的真相或者半真相。因此，最好不要一开始就误导孩子，以免以后让他觉得父母在说谎。

第二，如果孩子发现父母由于某种原因不敢告诉他实情，彼此之间的感情就会出现障碍。这样一来，不管他以后有什么样的困惑，他都不大可能再向父母请教了。

第三，3岁左右的孩子很容易满足于简单的答案。因此，父母以后如果回答更难的问题，就有了实践基础。

有些时候大人会感到很迷惑。孩子听了大人的瞎话以后，在他们说起孩子生长在什么地方的时候好像真的相信了这种说法，他们甚至会同时把两三种说法混在一起。出现这种情况是很自然的，儿童相信自己所听到的零碎的东西，因为他们有很生动的想象力。他们不是像大人那样总是去设法找到唯一的正确答案，然后就丢弃那些错误的。你必须记住，小孩子不可能一下子就把你一次告诉他们的所有东西都记住。他们每次只能记住一个解释的一部分，然后回过头来再问你这个问题，直到他们确信已经弄明白了才罢休。再往后，儿童每到一个新的发展阶段，都会为接受新的观点做好准备。

4. 父母应给予健康的导向

也许有人会认为和青春期孩子谈论性，应该容易些，但实际上在多数情况下，青少年对自身性别的敏锐意识常常会使讨论陷入尴尬。父亲和儿子谈论这个问题的时候尤其容易出现这种场面。许多父亲根本就没有办法和儿子谈论这个话题。许多母亲与女儿之间也有这样的问题。如此一来，孩子就只能从书本获得有关知识。而父母则最好准备一本健康的书，让孩子独自看书，当孩子提出问题时，父母就应该回答。与儿童期的方法一样，父母每次只需给孩子讲一点儿，不要像上一堂严肃的大课那样，一次讲很多内容。由于青春期的孩子往往不愿意涉及性的问题，所以家长必须尽早把问题提出来。

值得注意的是，有些家长过分注意性的危险的一面。这是他们常犯的一个错误。如果母亲在性的问题面前显得很紧张，就会使女儿非常害怕怀孕，以至于不管在什么情况下都害怕男孩子。父亲也可能给儿子灌输很多有关性病的知识，从而使儿子感到恐惧。这种在一定程度上吓唬孩子的做法，不仅会让一个敏感的孩子感到紧张和害怕，而且可能损害儿童日后对婚姻生活的适应能力。

儿童在步入青春期以后了解怀孕的知识，本就是理所当然的，但那些不利于儿童心态正常发展的事情不应该急于给孩子讲，而应该让他们把性爱看成是健康的、自然的和美好的事情。和孩子讨论的这类话题中也应该包括避孕的问题，并力求把男孩和女孩各自的责任详细地交代清楚。如果家长实在做不到和孩子自然地谈论性的问题，那就应该找一个信得过的人去和孩子谈。

事实上，某些忧虑的父母很难相信，幸福、理智和成功的青少年很少陷入与性有关的麻烦中。那些认真研究过青年人的人很了解这一事实。青少年在成长的过程中确立的常识、自尊以及对人的友好，使他们即使在度过一个全新的发展阶段时，也能保持平静的心态。反过来说，只有那些多年来一直对自己和对别人认识不清的青少年，才会由于交上坏伙伴而陷入困境。

5. 青春期孩子的性教育

在女孩10岁左右，亦即青春期早期阶段，父母就应进行性教育，要告诉她再过两年乳房就会开始长大，阴毛和腋毛也会长出来，她的身高和体重会迅速增长，皮肤肌理会有所改变，而且可能会出现青春痘，大约两年以后她们的月经初潮就可能来临等。

父母在给女儿讲经期的知识时，如果强调的面不同，对孩子的影响也会不一样。一些母亲可能会强调经期很令人讨厌，这种观念是不利于孩子的，还有的母亲会强调女孩在这个阶段很脆弱，要求孩子十分小心，这些内容容易给孩子留下错误的和坏的印象。实际上，女孩和女人完全可以在经期拥有健康、正常、精力充沛的生活。也有的女孩子因为剧烈的痛经而不能参加任何活动，但这只是少数，而且采取一定的方法就能治疗。

在女孩子即将成为女人的时候，家长应让她怀着幸福的心情去期待它，而不是让她感到害怕或厌恶。在向女儿说明月经的特点时，最好告诉此时她的子宫已经开始为孩子的生长做准备了。

在女孩子初潮来临前的几个月里，应该给她一盒卫生巾。这样做有助于她保持正常的心态，让她觉得自己已经长大，并且已经准备好处理自己的生活，而不是被动地接受。

在男孩12岁左右，亦即青春期开始阶段，父母就应告诉他们阴茎勃起和夜间遗精的知识。有的父母知道男孩夜间必然会遗精，也知道男孩有的时候会有强烈的手淫欲望，所以就告诉儿子，只要这种事情发生得不是太频繁就没有什么危害。青少年容易担心他们的性能力，也容易误认为自己与众不同或者不正常。如果父母总对孩子说“这么频繁是正常的，而那么频繁是不正常的”，就会使孩子在这一问题上忧心忡忡。因此，父母应该告诉孩子，不管他们夜间遗精多么频繁都是正常的，而且偶尔也有很正常的男孩从来都不遗精。

另外，青春期的孩子还会出现性幻想或性梦。性幻想是指人在清醒状态下，对无法实现的与性有关的事件进行完全身心投入的想象。这种想象往往从10岁左右就会越来越多。性梦则是在梦中通过某种行为达到性满足的现象，男孩在做性梦时通常会出现遗精。无论是性幻想还是性梦，都是男孩或女孩性冲动的正常排解方式，是完全正常的生理现象。这种现象从本质上说是必要的，但如果影响了学习或孩子其他方面的心智的正常发展，就有必要采取一定的对策。当然，父母应该多与孩子交流，以了解孩子的困惑与愿望，并在发展孩子潜能和学习兴趣方面作出更多的努力。

6. 强化孩子的责任感

在当今社会，由于性行为规范的大大放松和避孕知识一定程度上的传播，青少年的不规范的性行为和未婚少女怀孕的现象有明显上升。而让人吃惊和难以理解的是，即使父母和医生已经对孩子千叮万嘱，仍然只有少数青少年在性交的时候采取避孕措施。

孩子为什么不对自己的性行为负责呢？对此有各种解释。事先就做好准备就意味着他们早有意图，而许多青少年不太愿意承认这一点。他们喜欢把每次性交看做是一次意外的激情迸发，而同样的情景是不会再次出现的。

与父母有矛盾的青少年认为父母不爱自己，所以就把自己想象成充满爱心的人，并被对方爱着。一些青少年会和与他们多少有点儿爱慕之情的人，或者与他们多少有点理想化的爱慕之情的人发生性关系。还有一些主要是根据肉体的强烈欲望以及对性交的强烈好奇心来作出反应，但他们常常本能地回避与他们热爱和尊敬的人性交，而只选择那些在肉体上对他们有吸引力的人。

有的家长可能担心让十几岁的孩子接受避孕的专门教育，是在鼓励他们尽早进行性体验，并制造出随便的、无爱的性交。但更大的危险则是由于无知和不负责任而造成的怀孕。为此，父母必须采取主动。他们不但必须教育孩子或者安排他们受教育，而且还要一再强调，尤其是当他们料想自己十几岁的孩子会有性行为的时候，就要出于对孩子，对他们的父母，以及对他们目前和将来的生活考虑，让他们在每次性交的时候都必须采取避孕措施。同时，父母可以向孩子谈谈自己的理想，解释性爱不仅是肉体上的，也是精神上的，两者同样重要。还要告诉孩子，自己和许多年轻人一样，也认为年轻人最好是在发生性关系之前彼此的爱情已经很深并能长久保持下去，并想法去除对怀孕的担心，推迟性交并不意味着性功能不正常。

第九章
学习

孩子学习成绩好，自然是件好事，如果孩子厌学，学习成绩差，或学习滑坡，这时父母就要充分重视起来，不仅要通过各种方式找到孩子之所以学习成绩差的因素（主要因素和次要因素），还要采取措施改善孩子的学习心态和学习环境，让孩子树立信心，振作起来。

第一节　成绩差

1. 尽力找出背后的原因

如果孩子的学习成绩不好，父母不必盲目着急，因为成绩不好说明孩子在某些方面出了问题，必须立刻采取措施，找出原因。造成学习成绩不好的原因可能有很多。比如在生理方面的原因就有营养不良、听觉或者视觉障碍、慢性病、学习能力低下和注意力涣散等。还可能由于不受重视、父母不和、情感矛盾以及所在的班级不适合等原因而导致的心理问题。

值得提请家长注意的是，虽然有懒惰的孩子，但纯粹由于懒惰而学习成绩不好的情况并不多。孩子之所以不再努力学习，并不是因为懒惰，要知道儿童天生就对各种事物充满好奇。要是他们失去了这种好奇心，往往是因为学习能力方面有些问题，或学校在处理孩子问题的能力方面有问题。但无论是由于环境因素、生理因素、情感因素，还是某些复杂因素而导致孩子学习成绩不好，父母都应该严肃认真地来对待这件事情。

首先，关于学习上的问题父母应该与孩子进行一次友好而不含责备的谈话，父母要始终保持温和与支持的态度，要问清楚造成这一问题的原因，还要详细询问学校里发生的事情，以及他对这些事情的看法和感受。

其次，父母可以去拜会孩子的老师甚至校长，但要注意，最好把他们当做合作者而不是敌人。许多家长简单地认为孩子出了问题是因为老师的问题造成的，因而带着敌意去找老师。虽然老师或学校在孩子的问题上也许有一定的责任，但一开始就带着敌意将不利于问题的解决。

最后，当孩子的情绪和情感成为重要问题的时候，应该安排一次孩子与医生或者保育护士的会谈。一旦发现孩子有心理问题或出现家庭矛盾时，父母就应带孩子去看精神健康专家，以便能得到必要的诊治。请相信一位称职的心理专家能像发现生理病因一样，去发现情感上的病因。他能给予孩子成功的治疗，为孩子排除发育过程中的障碍。

2. 如何消除孩子的学习困难

消除孩子的压力，培养孩子对事物的好奇心，为孩子树立榜样，以及展开一系列家庭活动，对减少和消除孩子的学习困难都是很有帮助的。

家长或老师可以采取多种方法来减少或消除孩子的学习困难。比如尝试把孩子放在一个不评分和不分等级的班里，看看去掉了评分的压力以后，孩子是否会感觉信心足一些。因为没有了评分和分等级的压力，孩子就会感到宽慰。

需要强调的是，每次考试对成绩不好的孩子来说都是一次痛苦的经历，尤其是在孩子刚上学的前几年里，它会导致孩子心情沉重，自尊心受到严重打击，并且不愿与人交往。这种情况在孩子升入初中的时候，甚至可以导致孩子辍学。

针对这些问题，家长可以在校外做大量的工作来帮助有严重学习问题的孩子。要让孩子获得有效的学习经验，关键是要找到鼓励孩子的方法，使孩子能尽力而为。父母可以利用儿童对周围事物的好奇心，表现出和孩子一样的好奇，并鼓励孩子的这种好奇心，孩子就会对学习产生兴趣。还可以和孩子一起发掘他的特殊爱好，允许孩子来指导你，并留意孩子对什么感兴趣。然后，根据孩子的兴趣，父母可以安排一些旅游，和孩子一起读书，并根据孩子的选择进行一些活动。

给孩子安排一个安静的学习环境，也是极其重要的。如果父母整天都在看电视，让孩子仍然保持学习兴趣就是一件困难的事情。研究表明，孩子看电视的时间要比用于学习的时间多。但问题不在于是否应该限制孩子看电视的时间，而是父母必须树立一个榜样。比如每天晚上都花一部分时间读书和工作，孩子就会很快意识到学习的重要性。

造成孩子学习能力低下的原因很多，既可能是环境因素，也可能是生理、情感等方面的因素，但只要家长、老师、医生以及精神健康专家齐心协力，查出问题和纠正问题的可能性就会大大提高。

3. 家长如何与老师打交道

如果孩子让老师喜欢和骄傲，并且在班上的表现很好，孩子的父母就很容易和老师相处。如果孩子总惹麻烦，那么情况就变得很微妙。最优秀的家长和最优秀的老师都是非常有人情味的，他们都为自己的工作感到自豪，并且都对孩子有一种责任感。无论是哪一方，也无论他多么通情达理，都会在心里觉得，只要对方稍微改变一下对待孩子的方法，孩子就会做得更好。

对家长来说，一开始就意识到老师也和他们一样敏感，有助于他们和老师搞好关系。如果在和老师会谈的时候再显得友好一些和乐于配合一些，他们和老师的关系就会加深。

家长的主要工作是把孩子过去的历史、兴趣爱好等情况向老师介绍清楚，然后和老师一起认真研究，看如何在学校充分利用这些信息。如果老师很成功地利用了这些信息，家长就应对老师表示感谢。

偶尔也会出现这样的情况，无论孩子和老师作出多大的努力，双方就是不能相互“适应”。在这种情形下，可以请校长参与解决这件事，看一看是否应该让孩子转到另一个班级去。

家长绝不能因孩子的学习成绩不好而怪罪老师，因为就算老师的教育方式存在缺陷，但孩子自身的学习态度也是一个重要方面，这种学习态度既与老师有关，也与学校环境、班级环境有关，甚至与孩子小时候在父母身边的成长历程也存在密切关联。因此，父母应对老师保持宽容，因为只要老师具有责任感，就应该努力与老师相互配合，相互交流，达成一定的共识。相反，如果家长对老师表示一种敌意，或者在背后责怪老师，那么孩子听到父母说老师的坏话，他也会逐渐养成一种怪罪他人而推脱自己责任的习惯。当然，在这种情况下，父母还是应该对孩子表示同情：“我知道你一直在努力”或“我知道当老师对你不满意的时候，你感到多么不快乐。”

第二节 厌学的症结

1. 因为担心，孩子拒绝上学

或许是害怕家长离开，或许是因为没有朋友或被人嘲笑，甚至可能因为担心父母的状况，青春期前的部分学龄儿童会有厌学的心理。有些孩子在整个小学期间，甚至到了上中学的时候还可能不爱上学，甚至害怕上学。父母应注意观察，与孩子交流，尽力找出孩子不想上学的具体原因。

在上学的最初几年里，孩子害怕或者担心上学是正常的。孩子不爱上幼儿园的常见原因是害怕离开家长。有些孩子虽到了上幼儿园的年龄，但并没有发育到可以长时间离开父母的阶段。事实上，让一个只有5岁的孩子去那样一个又大又陌生的建筑里，他们一开始难免会感到不知所措。此外，多数孩子都能比较容易和一屋子其他陌生孩子共同占有这几个大人，但有些孩子则很难做到这一点。

有些孩子不想上学是因为他们没有朋友或者是因为他们在操场上一直被人嘲笑。如果孩子由于明显的种族或文化差异而不适应的话，就需要找老师商量更换教室或转学。但是如果孩子十分不情愿加入这个集体，或者多数孩子都认为他的行为怪癖，那就应该考虑安排儿童精神病医生、心理医生或者其他精神健康专家对孩子进行治疗。不被小学同学所接受，是情感问题的最常见症状之一。

由于担心家里正在发生的事情，孩子也可能会拒绝上学。如果父母打架或者不在家，或者如果看护人对他不好，孩子就可能缠着父母不放。还有的孩子在学校的时候会担心父母的安全和现状。但是这种担心不是基于真实的情况，而是由于孩子对父母有敌对的想法，所以就产生了这种内疚感。这听上去似乎不太可能，但是精神病专家发现这是一种相当普遍的原因。

2. 青春期孩子的厌学心理

对于那些发育较早的孩子来说，别人对他（或她）身体的关注可能是孩子厌学的主要原因。他们可能正受到其他情感问题的困扰，这些困扰伤害了他们的自信心和自尊心。

青少年时期的身体变化引起了孩子们的关注和担心，并且可能导致他们拒绝上学。有些孩子发育得早，有些发育得晚，还有些由于某种不寻常的身体特征而很显眼。

青春期前一段时期亦即9～12岁，孩子的旷课率很高，而且在上体育课的时候尤其突出。有些孩子正处于青春期，而且正受到其他情感问题的困扰。这些困扰伤害了他们的自信心和自尊心。比如每当他们想到要当着他人的面穿衣和脱衣，想到自己要被迫去做一些暴露自己真正的或者想象的缺陷的体育活动，他们就无法忍受。因此，对他们来说，唯一的解决办法就是不去上学。

对于这些孩子来说，这种关注可能会压倒所有其他事情。有一个女孩个头很高，当一位男性老师随便提到女孩比自己高的时候，无意当中伤害了女孩的感情，因为老师的说法进一步证实了她自己的想法——她认为自己没有任何吸引力，而且很特别。因此，每天上学对她来说就是一种折磨。父母和顾问的大量支持虽然能帮助她继续上学，但她还是感到痛苦。她对身高的担心一直存在于整个中学时期。她确信男孩子觉得她没有吸引力。后来，当她中学毕业考大学时，她选择了另一个州的一所大学，因为她听说那里的大多数男孩子个头都很高。

青春期孩子厌学心理的情况和小孩子一样，也很复杂，而且需要进行研究。其中最常见的原因是过度肥胖，其他自己不愿意接受的身体特征，缺少朋友，由于学习成绩很差而感到羞愧以及害怕受异性的排斥等。

如果一个孩子（无论多大年龄）一再逃学，父母就需要把它当做一件紧急的事情，必须予以及时的关照。父母、教育者以及学校顾问必须做出各种努力来查明原因。在许多情况下，必须有专家的帮助才能确定原因。一旦确定了问题的原因，就可以采取明确的纠正措施。在此期间，你应该坚持让孩子继续上学。如果允许他不上学，他以后再回来上学的时候就会觉得更痛苦，更困难。

3. 帮助孩子适应外部世界

厌学问题的原因似乎很多，但只要老师和父母明白他们的基本目的是帮助孩子离开家，去适应学校和外面的世界，那么很多事情就好办了。相反，如果父母或老师的唯一兴趣是让孩子接受正规的学习，那么他们就可能失去帮助孩子在情感上成长的机会。

作为父母，我们必须尽量去理解孩子的厌学表现，就像所有在行为上有问题的孩子一样。如果我们能清楚地认识到孩子厌学可能有多种原因，那么我们就可以针对不同情况采取相应的措施了。有些老师坚持认为，不管是男孩还是女孩，也无论他（她）哭得多么厉害，都必须把他（她）留在学校。有些老师则要求孩子的母亲或者父亲陪孩子在教室里待几天，直到他们的孩子对新的环境和人熟悉了以后再离开。

另外，在孩子中间，尤其在一二年级的小学生中偶尔会出现不吃早餐的现象。有些孩子很胆小，一想起班上有那么多的人和至高无上的老师，就感到害怕，以致早上吃不下东西。如果父母逼着他们吃，他们就很可能在上学的路上或者到校后呕吐。这样一来，在他们的胆怯的心理上又增添了一层丢人的感觉。

针对这一问题，父母应放宽对孩子的早餐要求，不应该催促孩子吃早餐。只要让孩子早一点儿起床，早餐时间就会很充裕，孩子也可以更从容、更悠闲一些。要避免一遍又一遍地催促孩子快点儿吃饭。你只要把饭准备好，放在桌子上就行了。剩下的时间就留给孩子，让他自己想吃什么就吃什么，不想吃的就留下。此外，放宽对早餐食物的要求。如果孩子觉得只有喝果汁才舒服，那就让他只喝果汁好了。如果他连果汁也喝不下去，那就让他饿着肚子去上学。让孩子饿着肚子去上学并不是理想的做法，但如果父母不去管他，他就会很快轻松下来，这时就能吃早餐了。这样的孩子午饭通常吃得还算好，等到晚饭的时候他就会大吃一通。只要孩子不必为吃饭的问题和父母争执，等到他们习惯了学校和新老师以后，他们也能顺利吃早餐。

如果孩子很胆怯，刚上学的时候父母一定要把情况和老师谈一下，以便老师能帮助孩子。老师要尽力对孩子友好，并且在孩子从事的项目上帮助他，以便让他能在集体中找到自己的位置。

第三节 学习障碍

1. 生理与心理因素

有些人认为，孩子学不好读、写、算的原因只有两个，要么是孩子“不努力”，要么就是“不如其他孩子聪明”。而现在我们知道，这只是对学习障碍的一个过于简单而又不准确的看法。“学习障碍”是指在学习和应用语言（包括口语、阅读和拼写）和数学知识方面存在的困难，这种困难可能存在于一个或几个领域里。尽管人们对造成学习障碍的确切原因还不清楚，但是大多数科学家和教育家认为，大脑结构或者化学成分上的改变是它的主要因素。同一个家庭中往往会出现不止一个学习障碍的孩子。当然，事情并不总是这样。另外，出现学习障碍的对象中，男孩要比女孩多。

必须记住的是，一个方面的学习障碍可能是由一系列问题中的某一个引起的，也可能是由这一系列问题共同引起的。孩子可能看不出各个字母之间有什么区别，听不懂别人的话，记不住东西，不能够集中注意力，或者不能按顺序排列字词和单词。这还不足以说明他在阅读方面的学习障碍。我们还必须弄明白到底是什么干扰了他学习一种特定技能的能力。

下面我们就来看一看这样一个例子。“dog（狗）”这个词看上去和“god（上帝）”完全不同。但是多数很小的孩子刚开始学习英语的时候，会觉得这两个词看上去几乎一样，因为每个词倒着拼写就成为另外一个词了。因此，他们偶尔会把“was（是）”念成“saw（看见）”，把“on（在……上面）”念成“no（不）”。他们有时候还会把字母倒过来写，尤其是像小写的“b”和小写的“p”这样的字母。他们也可能把“d”和“q”混淆。这在孩子刚开始学习识字的时候是很常见的。但是几个月以后，大多数孩子就能比较准确地识别并且记住字母和单词了。这时，这种错误就不经常发生，直至不再发生了。

但是大约10%的孩子（其中大部分为男孩），在识别和记忆字母和单词外形的时候遇到的困难要大于一般孩子。在以后的几年里他们还会继续把单词和字母倒过来念。他们需要花费比一般孩子更长的时间来学会正常拼读，其中有一些无论受过多少训练，始终都不能准确地拼写单词。

尽管学习障碍主要是由大脑发育不成熟或者大脑机能失调引起的，但是，紧张或者一些其他情感上的激变也可能使这些症状更加明显或者更加严重。可能导致紧张或者情感激变的原因很多，比如父母将要离婚，或某个人去世了等。也可能孩子在情感上还不成熟，他可能过于夸张地表现自己的担心，夸大噩梦对他的影响，或夸大和同龄孩子相处时遇到的难题。上述任何一种情况都有可能加重孩子学习中存在的问题。

2. 与智力高低无关

有些孩子非常聪明，但却迟迟学不会某项技能，比如学不会阅读。许多被学习障碍所困扰的孩子很容易认为自己是笨蛋，因而常常因为自己在学习上跟不上其他同学而厌学。实际上，学习障碍与智力没有任何关系。老师和家长要做的就是尽力让孩子放心，给孩子讲明这只是一种特殊的学习问题，在家庭教师、研究学习障碍问题的专家以及精神健康专家的帮助下，这个问题就可以得到解决。

另外，同班同学很快就会注意到孩子在学习方面存在的问题。有这么一个孩子，由于她拼写能力很差，所以从来没有被选进过拼写小组，她的一些同学于是开始嘲笑她。如果这时父母或老师能注意到这一问题，就要避免把孩子的短处暴露给其他孩子。但只要孩子没有达到一定阶段应有的能力，就有必要对孩子进行诊断。家长与学校要密切配合，充分利用他们可能提供的一切诊断服务。

对孩子的学习障碍绝不能拖延！如果有学习障碍的孩子在没有他人帮助的情况下，挣扎着上完两三年级小学，他就会失去勇气，感到无望，因此就不会重新获得学习的乐观态度和兴奋劲头。

父母应该及时带孩子接受心理咨询或检查。儿科医生、儿童神经学专家以及儿童精神病医生进行的检查是评估的一部分，以查明造成学习能力失调的神经或者心理方面的因素。在检查结束后，父母务必弄清楚是否有什么发现。父母了解得越多，就越容易找到克服孩子学习障碍的办法。

在家庭教师的帮助下，大多数学习障碍的孩子不仅能从课堂变化和课程变化中获益，而且能从家里和学校里对问题的专门补充指导中获益。多数好的公立和私立学校都承认学习障碍的存在，并且为诊断和治疗提供一些服务。由于学习障碍会影响孩子的一生的学习，所以一定要采取措施进行治疗，帮助孩子发展成为成功的和自信的人。介于此，父母在不忽略（但不必时时关注或只关注）孩子短处的同时，还要发扬孩子的长处。一定要对孩子的才能和长处予以承认和赞扬。

第四节 学习天赋

1. 比其他人聪明的孩子

在学校，一个班集体里的学生无疑都是在同一个水平上学习知识。这样一来，那些比其他人聪明的孩子可能就会觉得无聊，因为对他来说，学习内容显得太简单或者过于重复了。在这种情况下，父母是应该让孩子跳级呢，还是继续留在班里？父母应该怎么办？

相信细心的父母对孩子的技能了解得和老师一样多，有时候甚至还会比老师了解得多。所以，如果认为让孩子跳级对他有利，父母就应该找教师以及学校的顾问谈一谈这种可能性。不管最后的决定是什么，父母都有责任要求学校用适合孩子水平的方式来教育孩子，保证让孩子的潜能得到最大限度的发挥。

当然，解决问题的办法并不是非要让孩子跳级，因为这样做会有一定的风险。比如说，如果孩子比其他孩子个子高，社交能力也比较强，那么让他跳级可能会对他有好处。但如果他身材矮小，不能在游戏中与人竞争或者不受新同学欢迎，乃至兴趣爱好显得比同龄孩子幼稚，如果跳级那他就很可能被孤立起来。因此，父母除了考虑学习，还要注意孩子的心理际遇。

2. 不要施加太大的压力

学习仅仅是孩子生命中的一部分，当孩子表现出优秀的品质时，父母也应该感到高兴。作为父母，有必要把孩子的兴趣和对孩子的迫切希望区别开来。如果家长对孩子的期望很高，但只要能实实在在地认识到这一点，并且时刻提醒自己绝不用过高的期望来支配孩子的生活，那么孩子长大后就会更幸福、更能干，并且在知识上和情感上更有安全感。家长不仅在孩子刚开始学习读、写的时候应该这样，对任何年龄的孩子所做的任何事情也都应该本着这项原则。比如，无论对孩子的家庭作业、音乐课、体育课还是社会生活，都不应该施加太大的压力。

教育家卡洛琳·查赫瑞一直强调，没有必要非得给有天赋的孩子专门开设课程，也没有必要把他们都放在一个班里。只要老师受过良好训练，他就有办法使那些有学习天赋的孩子拥有更加丰富的学习内容。他能激发他们的学习兴趣，并且使他们形成一种团体。

第五节　补课

1. 由谁来补习功课

父母应该认真对待孩子学习落后的情况，不管是老师告诉家长的，还是家长自己发现的。老师可能会建议家长为孩子补课，也可能推荐一位优秀家庭教师为孩子补课，如果经济条件允许的话，就可以请一个家庭教师。为何家长一般难以胜任家庭教师的工作呢？并不是因为家长知道得不够多，也不是因为他们不够努力，而是因为他们太过在意，以至于每当孩子出现理解困难的时候他们就感到苦恼。比如，当孩子在功课上一塌糊涂的时候，如果父母不耐烦，他们就可能把事情搞得更糟，最终使孩子支持不住而彻底垮下来。另外还有一个问题，即父母使用的方法可能与老师在课堂上用的不一样。当孩子已经对老师在课堂上讲授的内容困惑不解的时候，如果再由家长用不同的方法给他讲授，他就很可能会感到更加困惑。

但这并不是说父母不应该辅导孩子，因为在某些情况下，由家长辅导也可以收到很好的效果。只是家长应该首先和老师全面地研究一下辅导孩子的问题，如果自己辅导的效果不好，就必须马上停止。而且家长也要定期和老师保持联系。

2. 不要答应替孩子做题

如果孩子希望父母帮助他做家庭作业，父母该怎么办？事实上，如果孩子对某一问题弄不懂，请父母帮助解释，父母把问题清楚地讲给孩子，是不会有什么坏处的。但如果孩子因为不懂而让家长替他们做作业，那就最好找老师谈一下这个问题。一名优秀的老师一般都喜欢帮助孩子弄懂问题，然后让他们自己动手来完成作业。如果老师太忙而抽不出时间来提供帮助，家长就不得不帮忙了。但即使在这种情况下，家长也应该只是帮孩子弄懂问题，而不是替孩子做，否则会使孩子养成一种依赖心理。这或许能增进父母与孩子之间的感情联系，但作为父母，相比老师而言责任更加重大。

第六节 学校的任务

1. 学校教育的目的

在过去，人们常常认为学校的作用就是教孩子读、写、算，以及记住一定数量的有关世界的知识。实际上，这些都只是手段，教会孩子如何生存，才是其根本目的。曾有一位老师讲，在他读书的年代，连介词的定义都必须背诵。但即使他已经背得滚瓜烂熟，也并不就代表他学会了什么。只有所学的东西对他有意义的时候，他才能学会它们。因此，学校的任务之一就是尽量使各种课程都生动有趣，使学生愿意学，从而使孩子能轻松学会终生受益的知识。

如果孩子不幸福，不能与他人友好相处，也得不到自己喜欢的工作，那么，他知道得再多也没有用。优秀的老师总是努力去理解每一位孩子，为的是帮助他们克服弱点，成为全面发展的人。缺乏自信心的孩子需要树立自信心才能获得成功。爱招惹是非和自我卖弄的孩子必须学会通过良好的学习表现来获得他渴望得到的承认。不会交朋友的孩子需要他人的帮助，才能成为善于交际和有号召力的人。如果孩子看上去似乎很懒惰，就需要他人帮助他发现自己对事物的热心。

如果学校按照常规教学，课堂上让每个孩子都同时从课本的某页读到某页，然后再做某页上的习题，那么学校也只能做到这么多了。但这种方法对很聪明的孩子显得太单调。也给厌学的孩子提供了调皮捣蛋的可乘之机。另外，这种教学方法对孤独的女孩或者需要学会与人合作的男孩来说是没有任何帮助的。

2. 生动有趣的教学方式

孩子需要培养自我约束的能力，以便长大后成为有用的人，但我们不能像给孩子戴手铐一样，通过施加压力来强迫孩子自我约束。自我约束是一种内在的修养，就像孩子的脊椎一样。

如果抱着书本给孩子讲课，老师能做到的也就这么多。但如果让孩子在实际生活中学习他想学的东西，他就能学得更好。比如，如果让学生去管理学校的商店，让他们找零钱或者记账等，他们在一周内学到的算术要比1个月内从枯燥的书本上学到的多得多。这便是生动有趣的教学方式的一种体现。

但有时候家长会感到一种不安，尤其是学校的功课趣味性太强时，家长们会认为，孩子还是应该多学习如何去做不愉快的和困难的事情。但如果能冷静地想一想那些非常成功的人们，就会发现他们中的多数人都热爱自己的工作。不管做什么工作，其中都包含大量乏味的事情。但许多人之所以做这种乏味的事情，是因为他们知道它联系着工作中有意义的一面。达尔文上学的时候各科成绩都一直不好，但在后来的生活中，他对自然历史产生了兴趣，开始从事前所未有的一项研究工作，这让他付出了大量的劳动，最终研究出了进化论。

同样，一位上中学的男孩可能认为几何没有什么意义，因而讨厌它，结果学习成绩很差。但如果他在学习如何当飞机驾驶员，明白了几何学的用处，意识到它可以挽救全体乘务员和乘客的性命，他就会拼命去学习几何学。

第十章
热点问题

从横向的角度来看，在孩子成长过程中往往会出现这样或那样的问题。有的问题似乎与生俱来，有的则似乎主要来自后天的影响，但无论是哪种情况，作为家长，都应该特别关注，一方面是要找出问题背后的原因，并及时地自我审视，以及如何提前预防，另一方面还要找到解决问题的办法。

第一节　个性

1. “个性”是指什么

从长远看，儿童在个性方面的发育或许和孩子将来的专门技能一样重要。例如，一个不想超过别人的孩子无论先天多么聪慧，都不可能在学习上取得好成绩。喜欢抛头露面的孩子，可能比天赋聪颖但个性不强的孩子更容易获得成功。

多数父母和专业工作者都认为婴儿一出生就有个性差异。有的平静、随和，有的急躁、多变。孩子对外界反应的这种先天差别就表现为不同的个性。

随着孩子逐渐成人，这种个性上的差别越来越明显，并表现在很多方面。在情感活动层面上的表现有——抵制外界干扰的能力（不仅包括注意力是否集中，还包括是否有主见，是否果断坚决）如何？表达感情的热烈程度如何？平时的情绪是活跃的还是低沉的？是否对声音、接触、味道、光线或者气温特别敏感？是否能在毫无思想准备的情况下适应新环境？是否能坚持做好手里的任何工作……

2. 接受孩子的个性

孩子生来显然有不同的个性。通过观察就可以发现，或者是活泼开朗，或者是沉默少语，害羞怕生；或者听话，或者顽皮。但不管父母喜不喜欢，显然只能生什么养什么。如果孩子的个性和父母想要的那种个性不一样会怎样呢？根据以往的经验，如果父母意识不到这个问题，它将成为令父母和孩子双方都伤脑筋的主要原因。

但这个问题其实关系不大，因为父母都是有理性的。我们都清楚自己不可能预定孩子。而且，更重要的是，父母可能特别为儿子的胆怯伤脑筋，却或许从未想过你自己小时候克服害羞的艰难过程。这便是有些人所提出的“可塑性”。正是这种“可塑性”在培养儿女的过程中发挥着极其重要的作用。它决定了父母能够取得多大的成功，及孩子能取得多大的进步。

经验告诉我们，在教育子女方面给父母带来的烦恼最多的似乎正是可塑性的问题。比如，如果你们为孩子不是数学天才或笨手笨脚而感到失望，或者你花费了大量时间想把孩子培养成一个他不可能成为的人（他不具备成为那种人的先决条件），那么，你和孩子都必然烦恼。反过来，如果能学会接受现实中的孩子，而不是你们期望中的孩子，并且爱他，那么你们双方的日子就可以舒心得多。

3. 教育不可违背孩子的天性

家长对孩子有再高再好的期望，也不要强迫孩子成长为一个违背孩子自己天性的人。当孩子出现行为问题时，家长必须采取理智的教育方法。

有两个心理研究专家，他们从孩子一出生开始就跟踪个性不好的孩子，并且一直观察到他们的中年。在此期间，他们发现了令人惊讶的东西。他们原以为，个性不好的孩子在以后的生涯中可能会遭遇更大的困难。结果发现，孩子的天生个性给他后来的生活带来的影响并不重要，重要的是父母的教育风格与孩子的个性是否适合。

以一个活跃并好奇心强的孩子为例，其父母为孩子不规矩、爱调皮觉得心烦，同时往往还会认为这样的孩子容易发生危险。因此，他们就会不停地对这个孩子说“坐着别动！”或“老实点儿！”这样一来，孩子就可能在心里认为：“我不是个好孩子，因为我总是闯祸。”这就是教育方法不适合孩子的一个例子。

而另一对夫妇可能会对这种孩子的好奇心感到自豪。他们对孩子的充沛精力感到惊奇，并且给孩子提供了许多耗费精力的机会，并欣赏孩子的冒险精神。由于父母对孩子的期望和教育风格适合孩子的个性，所以孩子将会变得愈加自信。

教育风格适合孩子个性的父母，往往都具有与孩子相似的个性特点。首先，他们了解孩子的个性。他们不去强迫孩子成长为一种违背自己天性的人。基于这种理解，当孩子出现行为问题时，他们就会采取理智的做法。通过父母的领导技巧，不但对孩子的旺盛精力因势利导，而且也没有伤害自己的自尊心。例如，如果让一个好动的3岁男孩在饭店里吃午饭坐着不动，他就会感到非常难熬。如果父亲或者母亲能领他出去跑一跑，双方在这次活动中都会过得很愉快。

第二节 成才

1. 智能教育的误区

当一个孩子被长期忽视，比如，家长经常这样呵斥孩子："我已经告诉你多少次了？不要再来打扰我！"孩子的精神和思维就将不会得到完全的发展。而另一个极端则是，当一些家长看到别的父母通过严格的训练教会了一个2岁的孩子阅读，甚至教会1岁的孩子认识闪光卡片时，他们就受到鼓舞，由此而希望将自己的孩子塑造成一名早熟的、才华横溢的儿童，让孩子在不寻常的道路上成为一个佼佼者，然后他们就从孩子婴儿期开始，通过适当的玩具，通过家庭或学校里的适当的智力训练和精神鼓励，来展开这一计划。

但是，尽管这种特殊类型的父母望子成龙的愿望可以理解，尤其在那些智力被高度赞誉的国家中受到推崇，但人为地让这些天赋过早地发展膨胀，却是一种极其错误的做法，会造成不良后果。

当父母只关心孩子的智力因素时，孩子可能就会成为一个发展不平衡的人，这种人不仅不适合任何工作，也不会得到任何源于生活的乐趣。过早地逼迫儿童去获得成功总是要付出代价的。比如，父母与孩子的关系可能变得紧张；由于过于强调智力而忽视与孩子的情感；为了达到目标，可能会忽略孩子其他方面的发展。况且过早地逼迫孩子做什么，并不一定能给孩子的未来发展创造优势。而且要想让孩子在某一方面超前，往往就需要牺牲孩子另外一方面的能力。

所以在培养孩子智能方面，家长首先要认识到：智力能力只是人的发展的一个方面，它的充分发展并不必然带来孩子在生活中的成功，因为成功的前提是，智力与情感和常识之间必须构成一种平衡。

2. 自然而然的教育

对孩子的教育并不一定要使用什么特殊的器材和采取什么特殊的措施，一切往往是在每天父母与孩子的互动中自然发展。父母不用刻意强调什么，仅仅要做的就是以身作则，让孩子在对父母的模仿中成熟起来。

究竟是情感的、社会的还是智力的因素，刺激了孩子正常而全面的发展？儿童天生就保持着与人和事物的接触。溺爱孩子的父母看着、哄着孩子，用自己的微笑点头，去积极回应婴儿的第一次微笑。这种场面的重复，以及几个月以来孩子醒着的时候紧抱着她，痛苦的时候安慰她，饥饿的时候给她食物，保持了孩子对母亲不断增强的爱与信任。这些行为构成了一个基础，孩子的未来生活中与其他人的关系将建立在此基础上，甚至孩子对事物的兴趣和他日后处理学习和工作中的想法和概念的能力都将依靠这一基础。

这便是一种自然而然的教育，它并不需要父母刻意地提供什么或采取什么手段，需要的只是悉心的照料。只要孩子能得到应有的爱心和教养，他身上的优良品质就会自然而然地显露出来，他就会有信心和动力，去从各种各样的经历中体验并且掌握那些与他的天分相匹配的经验。因此家长既没有必要送孩子去读兴趣学校，也没有必要给孩子买昂贵的玩具，更没有必要让他没完没了地参加各种课程的学习。

1～2岁时，孩子通过努力模仿父母的行为而日益成熟，父母则通过对孩子的每一个微小的成就都表示欣喜来鼓励这种发展。到3岁时，孩子变得对他们看到或听到的每件事情都非常好奇，他们求助于父母以获得解释和鼓舞。在3岁到6岁之间，孩子们通过努力模仿他们所深爱的父母，从而在感情上和智力上成熟起来。

这种在孩子向外接触与父母反应之间的相互作用已经足够在这一阶段培养聪明、有能力、友善、可爱的孩子。特殊的训练和特殊的仪器至少在上学前是不必要的。

如果试图使孩子通过家长的兴趣和创造力成为天才，那么家长可能就会用错误的方式引导孩子，使孩子对父母的计划感到厌恶。也许这样的父母能成功，但却使孩子成了单方面发展的“机器人”。同样的危机也存在于过分强调一个小女孩的美貌或竭尽所能使一个男孩成为运动员的行为之中。

父母要做的，就是应该让孩子伴随着这样一种感觉长大：觉得自己被人欣赏和喜爱是因为自己的为人和性格，而不仅仅是因为他们的头脑、容貌、肌肉或他们的音乐才能。欣赏一个孩子特殊的天赋是对的，只是不能将其奉为主要方面。

3. 培养友善和奉献精神

人的发展具有整体性，因此仅仅在智能教育上努力，不如从整体上提高孩子的品格和精神。一个看上去充满理想主义色彩的愿望就是，要让孩子觉得他们活在这个世上的主要目的不是为了自己而是为了他人。这种情况主要是针对处于和平状态下的世界。在孩子很小的时候，就可以逐渐加强一种奉献意识和友善态度，让孩子骄傲地认为自己能成为真正有用的人，并且长大后面临挑战。

即使只有9个月大的孩子，我们也不应允许他留下这种印象：揪母亲的头发，或者咬母亲的脸颊没什么事。我们应该让孩子学会尊重母亲。也不应该允许孩子1岁多时，仍然故意破坏物品，或把东西搞得乱七八糟。2岁之后，就应该吩咐孩子做一些家务，比如帮助布置桌子或倒垃圾，其目的是培养孩子的责任意识。孩子长到7岁或8岁时，每天就应该做些真正有用的工作。成了青少年之后，就可以在医院或其他机构做志愿者或者给小孩做指导老师。

在家庭谈话中，孩子们应该听到他们的父母对社会、民族和世界的关心。他们应该看到父母正通过参与地方组织和委员会的活动来寻找某些问题的解决措施而直接作贡献。

在学校里，孩子需要学习自己民族的伟大成就，也要了解本民族的缺点与错误。他们的学校应该容纳来自不同种族、拥有不同背景的孩子，这样做，不仅仅是出于对少数群体的公平的考虑，而且也能使各种各样的孩子学会欣赏别人并与别人友好相处。

对于已经接近成熟的大孩子来说，还有一件很重要的事就是，上学时可以做一些志愿工作或者在业余时间做一些有报酬的工作。在这些地方，他们能为那些需要帮助的人们服务，从而改变对他人的态度。

第三节　性别

1. 人为制造的差别

从某种意义上来说，对男女的不同认识带着一种武断，它让孩子还没有得到足够的认识，就被判定并强行归类，使孩子的真实情况和意愿得不到张扬。如果成人总是不断制造男女之间的差别，就会危害孩子的发展。

想必许多人都有这样的经验：人们在赞扬小男孩时，往往是因为他取得了什么成绩，而赞扬小女孩时则一般是因为她可爱。看见小女孩穿着具有女孩特点的衣服时，大人们就会说“你真漂亮！”在某种意义上说，这是一种赞美，但它也给女孩一种感觉：好像人们赏识的主要是她们的外表，而不是她们的成绩。在儿童画册里看到的，往往都是男孩子在制作什么，或在从事冒险，而女孩子则要么在一旁观看，要么在玩布娃娃。由于女孩没有男孩子强壮，容易受到伤害，所以大人往往会警告她们不要去爬树，也不要爬到房顶上。男孩子得到的礼物往往是玩具汽车、建筑积木、运动器材和成套的医疗器械等，而女孩得到的却是布娃娃、针线、成套的护士器械和装饰品等。

客观地说，给孩子送礼物这一行为本身没有什么不对之处，尤其是当孩子要这些东西的时候，就更应该送，但如果大人总是不断地制造这种差别，让孩子觉得，自己适合的职业只有有限的几种，这就会危害孩子的发展。

家长常常让男孩子帮着修车、整理杂物，或者修剪草坪等，而只让女孩子待在家里做家务。当然，家务对全家人来说都很重要，做家务的人应该受到尊重。但如果社会给男性的特权太多，而只让女性做家务，家务劳动就会受到男女双方的歧视。甚至有些家长和老师还告诉女孩，她们天生学不了高等数学或高等物理，所以当不了工程师。到了青春期，许多女孩子开始相信，她们在抽象推理、复杂筹划技能和控制感情方面不如男孩。如果孩子接受了这些不切实际的评价，其自信心就会受挫，并可能因此而抑制了先天才能的发挥。

实际上，对男女的不同期待都是人为制造的一种差别。它来自一种根深蒂固的观念的作怪。或许人们对男女之间不同的生理特征和智力特点已经得出具有科学性的结论，但这些结论并非就是对孩子的规定。理论来自实际观察和实验，同时也需要被检验，而并非一成不变的客观的知识。

2. 性别气质不必强调

不管孩子是男孩还是女孩，父母都不必担心孩子在性别气质上的表现，因为一个人不可能只有单一的性别气质。只要孩子能欣然接受自己的现状，无论他们有着怎样的复杂特点、有什么态度或兴趣，都可以尽管放心地让他们去发展。

“作为男人，就要有个男人样儿！”或“作为女人，就要像个女人！”这是许多父母对孩子性别气质的期待。但事实告诉我们，一个人不可能具有百分之百的单一性别特点。

玩玩具汽车和穿牛仔裤，并不能使男孩清楚地认识到自己是个男子。真正使他认识到这一点的，是他童年初期和父亲之间的良好关系。正是这种关系，使他渴望长大后成为和父亲一样的人。如果父亲有意拒绝儿子想要布娃娃的请求，或者为儿子的女孩品味而担心，孩子的男子气质也并不会因此而得到加强。如果父亲对自己的男子气质感到自信，那就应该通过给儿子买布娃娃的方式，来帮助儿子发展父爱中母爱的一面。

与此相同，女孩也从妈妈身上寻找自己的偶像。如果当妈妈的能鼓励女儿去参加许多活动来发展她的能力，并且自己也参与进去，那就能培养出一个既自信又健壮的女儿来。但如果母亲过分担心自己的女性气质，或担心自己对男人没有吸引力，她就可能过分重视女儿的女性气质。如果她只给女儿布娃娃和厨具玩，并且总是把她打扮得花枝招展，她就会使孩子曲解女性的特点。

女孩子同父亲建立积极的关系也很重要。如果当父亲的不理女儿，轻视女儿，拒绝和她玩球，或者不让她参加野营、钓鱼等活动，她就可能产生自卑感并进一步养成古板的性格。事实上，小女孩想要玩具汽车，小男孩想玩布娃娃，都是正常现象，父母完全可以满足孩子的需求。男孩子想玩布娃娃是因为他具有做家长的情感，而不是因为他的女子气。不论男孩还是女孩，如果他们想穿不分性别的衣服，那就尽管让他们穿，不必担心有什么坏处。

至于干家务活的问题，不管是男孩还是女孩，都不用介意。比如让男孩铺床、打扫房间和洗碗等，让女孩打扫院子、洗车等。最为关键的是，父母爱着子女的同时，不应有歧视或者太大的区分。

父母的榜样作用十分重要。看孩子的特点时要记住，男孩子主要像父亲，但是在一定程度上也像母亲。而有些女孩则像她们的父亲，比如有的女孩喜欢养鸟，有的成为了免疫学家。所以，孩子的特点只存在着程度上、兴趣上或看法上的差别，并非有什么截然不同之处。从这个意义上讲，每个人都在某个方面或者某种程度上存在着异性的特点。而且这一特点有一个好处，那就是能使孩子今后理解异性，使孩子拥有更丰富、更容易变通的个性，并能使人对各种职业采取综合的看法。

第四节 礼貌

1. 是否懂礼貌反映出教养

也许有人会说这是一个野蛮的社会，因为大人和儿童都说脏话，为一点微不足道的小事就发怒是普遍现象，排队的时候插在别人前面，不遵守公共秩序，不尊重老人……人们似乎都奉行着一条规则：“一切为自己。只要能超过别人就超过别人。”

在过去生活节奏比较慢的年代，超过别人并非人们的首要愿望。这种文明的堕落有许多原因。现在的许多父母似乎觉得礼貌已经过时，或认为是无关紧要的事情，然后让孩子自然发展。但这种做法对孩子的精神影响将极为深远，因为礼貌虽然看似只不过是一种得体的言行举止，实则是培养一个人尊重和关心他人的良好品德的重要手段。如果不从这一显得有些“功利”的角度来看，我们也应该教会孩子学会讲礼貌，因为我们的社会需要这种东西，需要人们在友好相处中展开竞争，实际上，讲礼貌正是人类文明的标志。

也因此，教育孩子讲礼貌应当成为儿童教育的重要部分。讲礼貌会让孩子得到正确的启示：在我们的社会中，人们做事必须遵守一定的规则；对别人讲礼貌可以使每个人都更幸福和更富有爱心。当一个孩子懂得礼貌时，比如他会以谦恭、友善而热情的语气称呼长辈，或在公共场所比如公交车或地铁里主动为老人让座，那么，我们就至少知道孩子在这方面拥有良好的教养。

2. 礼貌是美好品性的流露

让孩子学会讲礼貌，并不只是教他们说“请”或者“谢谢你”，最重要的是要让他们喜欢周围的人和对自己的人品充满自信。

应该尽量避免让孩子在陌生人面前觉得不自在，这一点也很重要。我们总习惯于把孩子马上介绍给一位陌生的成年人，而且还要让孩子说点什么。但是如果孩子才2岁，孩子就会很难为情。这样一来，每当他看见父母和某人打招呼，他就会觉得不自在，因为他知道他也必须对此做出某种反应。但是等到孩子3、4岁的时候，情况就会发生好转。孩子需要时间来打量陌生人，还需要时间来想办法把陌生人的谈话从他身上转移开。比如孩子观察了一会儿陌生人和他父母的谈话以后，他可能会突然插一句，“浴池的水流出来了，流了一地。”这就是孩子的一种礼貌，因为他也想和大人共同分享一种迷人的经历。如果孩子对陌生人一直保持这样的态度，用不了多久，他就会学会怎样以更有礼貌的方式与人友好相处。

让儿童生长在一个家庭成员彼此相互关心、互相体贴的家庭里是很重要的，因为在这样的家庭里，儿童能从家庭成员的爱心和行为方式中吸收营养。他们想说“谢谢你”，是因为他的家人都这样说，而且它确实表达了一种感恩的心情。他们喜欢与人握手和说“请”，是因为这是一种友好的方式。所以如果父母之间相敬如宾，并且对孩子讲礼貌，就能给孩子树立良好的榜样。这种榜样的作用对孩子礼貌习惯的自然养成是很关键的。

作为家长，如果希望在孩子身上看到友好和礼貌的举止，就必须给孩子树立一个正确的榜样。如果以友好的态度去当好榜样，孩子会很高兴地去学习。懂礼貌、有礼节的孩子人人都喜欢，而粗鲁或者自私的孩子人人都讨厌。孩子因为懂礼貌而受到别人的赞扬，就会对别人更友善。

第五节　自尊

1. 过多表扬或过于粗暴

每个人在幼年时代都是可爱的。他们应该得到爱，也应该做好自己该做的任何事情。但如果挑出“自尊”来说明理由，让人听起来就好像要让孩子养成自满的态度；又好像是在鼓励家长，不管他们的孩子是不是值得表扬，都要去不断地夸奖他们，使他们始终保持自尊。

无疑，表扬孩子能培养孩子的自信心。但是，如果这个表扬带有虚假成分，孩子是能够发觉的。因此，帮助孩子树立自尊心的方法之一，就是帮助他处理好情感上的问题，让孩子相信，父母也能处理好这些情感问题。如果孩子在表扬中成长，那么，一旦父母生气，他们就会觉得受到了侮辱。这样的孩子显然是难以树立自尊心的。相反，他会担心自己不安全。所以，在培养孩子自尊时，严格要求比空洞的表扬更有用。

有些父母对孩子很投入，甚至在这个方面做得过火。这或许就是因为他们憎恨从前的儿童经常遭受痛苦和体罚的现象，因此就导致了他们过分地溺爱孩子，反而忘记了孩子也要尊重他们。在当今社会中，有些孩子之所以举止不端，只讲索取，部分原因可能就在于此。

要弄清楚儿童在哪些方面自尊心不强及其原因并不困难。有的母亲特别热衷于防止她的孩子养成自满倾向。自满是很让人讨厌的，而且还有可能导致更严重的问题。小时候，有个孩子每次从外面玩耍或者放学回家，总要因为在外面的“调皮”行为而受到母亲的责备。因此，在他内心深处有一团罪恶的阴云积聚不散，就算他实际上并没有做错什么，他也总是问自己：“我做错什么了？”长此以往，他就会成为一个谨小慎微的人了。有的母亲对孩子很苛刻，总在寻找孩子的不是，只要孩子稍微做错一点儿事，她便会从孩子惭愧的表情和扭捏的举止中觉察出来，并且刨根问底。而且孩子越快承认自己的错误，这位母亲对孩子的惩罚也就结束得越快。这样一来，当孩子做错了事时，孩子从不否认，因为否认一点儿用都没有。

讲这个小故事的目的是什么呢？实际上就是在说明一点：在培养儿童自信心的问题上，父母要尽力避免打击儿童生来就有的自信心，但也决不能一味地表扬。只要依照这一原则进行。父母就不必担心孩子过于自满或是没有自尊了。

2. 给予关爱和尊重是根本

虽然应该培养孩子的自尊，但父母还是不应因为孩子的一次较好的表现或取得了一点儿成绩就不断表扬他。曾有这样一个小男孩，他的父母一直鼓励他学游泳。每次他把头扎入水中的时候，他的父母就会热烈地夸奖他。这样一个小时过去了，尽管他并没有取得真正的进展，但他仍旧不断地要求父母“看我游泳”。他只是养成了一种对赞扬的欲望和渴求。显然，如果说过多表扬会带来自满，那么，贬低和责怪儿童，往往会伤害孩子的自尊心，这也是父母应该杜绝的做法。

那么最好的做法是怎样的呢？那就是给予一种能使孩子愉快的关爱。

这种关爱并不要求父母随时准备为孩子做出牺牲，而只希望父母和孩子待在一起，给孩子讲故事，以及对他的艺术作品和体育技能当场给予赞赏等等。父母还可以经常给孩子做一次特殊饭菜，搞一次郊游，或一起散步，使孩子在爱的包围中沉浸于愉悦。

除了给予孩子这种爱以外，父母还应给予孩子应有的尊重，就像给予一位很重视的朋友的尊重一样。这就意味着父母不能对孩子粗鲁，不能让孩子不快，也不能对孩子冷淡，而是要保持礼貌和优雅的风度。但在实际生活当中，许多成人认为孩子小就觉得可以对这些小孩粗鲁、冷淡或漠不关心。

第六节　纪律

1. 对纪律的错误理解

关于纪律，许多父母都有其直觉性的指导原则，并且在很大程度上有其科学性，然而之所以出现问题，主要就是因为理解偏向了极端。

有一些父母的童年并不幸福，其中有一些还为自己和父母之间的紧张关系而怨恨或内疚。他们不希望自己的孩子也有同样的感受，因此他们乐于改变。但他们又常常误解教育孩子的意图，认为孩子只需要爱；不应该强迫孩子去服从父母；应该允许孩子表露对父母及他人的不满情绪；无论出现什么问题都应该从父母身上找原因；孩子犯了错误的时候，父母不应该生气或者惩罚他们，而应该努力给予他们更多的爱。

所有这些理解都是错误的，而且，如果父母照这样的理解去做，对培养孩子不会有任何积极作用。相反，这样只能使孩子变得骄横和难以与人相处；使他们为自己的过分行为感到内疚；使父母竭尽全力地去成为超人，以适应自己培养孩子的需要。孩子表现不好的时候，父母会暂时抑制自己的怒气，但是最终还是会爆发出来。接下来父母又会觉得内疚和茫然，从而导致孩子变得愈来愈糟。

2. 惩罚从来不是主要问题

在不少人的意识里，执行“纪律”往往与“惩罚”是同一个意思。不可否认，这种理解是有道理的，因为惩罚的确是纪律的一部分，但它绝不代表纪律的全部。事实上，“纪律”这个词的真正含义是“教育”。

许多善良随和的家长认为，他们偶尔不得不对孩子进行惩罚，另有一些家长则认为，用不着惩罚措施他们就能把孩子管教好。但如果再来研究一下这些观点的持有者，就可以发现，孩子是否需要惩罚在很大程度上取决于家长自己在孩提时代的受教育方式。如果他们当初时常受到有理由的惩罚，那么在他们的孩子犯了同样的错误时，他们也会惩罚孩子。如果他们在自己的成长过程中始终受到正面的引导，他们也容易采取同样的方法来教育孩子。

有些孩子的父母经常惩罚孩子，而另外一些父母则从来不这样做。所以不能说应该惩罚孩子还是不应该惩罚孩子。一般说来，这些都取决于纪律的本质——是否起到了教育的作用。

在进一步讨论惩罚这一主题之前，必须懂得惩罚从来就不是纪律的主要内容；它只是起一个极强的提示作用，表示父母用一种很强烈的方式表达了自己要说的话。我们都看到过那样的孩子，虽然经常挨耳光、打屁股，并且受到大量的限制，但他们仍旧我行我素，恶习不改。

父母的引导能否有效取决于他们是否能坚持一贯，是否能做到言行一致而不是唱高调，是否在阻止孩子的时候做到理由充分而不是因为讨厌孩子或者专横。

看见孩子毁坏东西，父母自然不会袖手旁观。孩子的脾气可能很坏。他或许不知道你二、三个月前给他规定的限制是否仍然有效；或许因为生气而故意捣乱；或许由于疏忽打碎了一件对你很珍贵的东西；或许当你在为另一件事感到闷闷不乐的时候，他对你有轻微的冒犯；或许因为他过马路的时候没有朝左右看差一点儿被车撞着。在这些时候，你都会勃然大怒，并且会惩罚或者至少想要惩罚孩子。

惩罚是否有效，最好的检验方法就是（在没有造成其他严重后果的前提下）看它是否达到了预期的目的。如果你的惩罚使孩子变得狂怒，与你对抗，而且比以前表现得更糟糕，那么，这样的惩罚显然没起到任何作用。如果你的惩罚好像使孩子很伤心，那就可能说明你对孩子的惩罚太严厉了。但是，不同的孩子对同一种惩罚的反应不尽相同。

小孩由于意外或者粗心打碎盘子、或者撕破衣服的事经常发生。但是，如果他与父母关系很融洽的话，他会真的为自己的过错而感到难过。这时，父母应该做的不是去惩罚他，而应该去安慰他。父母对已经知错的孩子暴跳如雷，有的时候反而会使他不再感到自责，并且会同父母争辩。

有些大一点儿的孩子喜欢摆弄盘子，而且常常打碎盘子。如果处理这样的孩子，你就应该让他拿自己的零花钱买一个新盘子补上，这对他或许比较公平。超过6岁的孩子的正义感正处于形成阶段，因此，对他的惩罚是否公平合理，影响着他对惩罚的态度。然而，对不到6岁的儿童，就应根据情节从轻发落，面对不到3岁的孩子则根本不应采取这样的惩罚。父母的任务是让孩子远离麻烦，而不是在事情发生之后当一个严厉的审判员。

有的父母发现一个自认为行之有效的管教孩子的方法，这就是把孩子关在他自己的房间里，直到他想通了才让他出来。但是，这个管教方法会使孩子觉得自己的房间像一座监狱。

3. 真正的纪律靠的是什么

在家庭内部，父母向孩子执行“纪律”，其真正目的是教育孩子去遵守行为规则，即社会和周围的人期望他们应该遵守的行为准则，以便他们长大后对社会有贡献和作为。要想约束孩子，使他处理好自由和纪律之间的关系，需要一定的技巧。当然，为了让孩子表现得像完美的小机器人一样，家长可能会制定一套苛刻的奖惩制度。但这种做法会在孩子精神上、自我价值的认识上、个人的幸福上以及他对待别人的态度上产生什么样的影响呢？

另外，不妨假设有这样一个孩子：无论他的想法如何异想天开，都能得到父母的支持；无论他的行为是对还是错，都能得到父母的大加赞赏，那么这样的孩子肯定会有自己的一套衡量幸福的标准，但大多数人都会对他敬而远之。父母这时怎么办？最重要的一点，就是要让父母明白明白自己的教育方法培养出来的孩子怎样才能让别人接受——哪些行为别人能接受，哪些不能——与此同时坚持的一个前提是，决不能损伤孩子的自尊心和乐观主义精神。

这就牵涉到一个问题了：培养孩子的纪律，父母应该严格还是随和？尽管多数初为人父母者不久以后就能找到解决这个问题的办法，但仍有很多人觉得这是个难题，甚至有少数父母即便已经积累了丰富的经验，依然为此苦恼。

随和也许可以说成是宽容。但“宽容”这个词每个人都有自己的不同理解，对于有些人来说，纪律宽容是一种随和而又不拘一格的管理风格，但对于另一些人来说，则是盲目地宠孩子，任其随心所欲，从而把孩子惯成一个令人讨厌、粗鲁无礼的人。

但问题的关键并不在于严格还是随和。如果父母过于严格，使孩子觉得冷酷无情，或父母过于心软而对孩子放松不管，这样的管理就收不到好的效果。有的父母心地善良，但在必要的时候仍然能对孩子严厉起来。他们这样适时地采取严格或者随和的纪律来约束孩子，比时时严格或随和，能收到更好的效果。概而言之，父母应注意自己的心态，并注意孩子的感受。

父母一定要养成耐心观察的习惯，以便了解孩子的个性表现，同时不能做出太多的自我牺牲，以避免孩子反感家长。父母在做出决定时，不要迟疑不决，否则会让孩子养成不良习惯。如果父母因此而生气，孩子就会感到不理解，不知道大人为什么要生气。举例来说，若孩子尝到晚上不睡觉的甜头，而父母不敢拒绝给他这种乐趣，那么接下来的后果就肯定不会令人愉快。孩子主宰了整个夜晚，父母则一晚上睡不好觉。这时大人肯定会因为孩子的专横而感到厌烦。但如果大人坚持己见，孩子就会变得招人喜欢。

那些心地善良并且倾向于对孩子严格要求的父母应该严格，比如向孩子教授讲礼貌、听话和做事有序等适度的严格要求。只要父母能基本做到态度上的和蔼可亲，并保证孩子快乐，就不会对孩子有什么害处。但假如态度粗暴专横、经常对孩子的言行表示不满，或不考虑到孩子的年龄和个性，那么这样的严格要求就是有害的。这种严厉的管教只能导致孩子逆来顺受，缺乏个性，心胸狭窄。

有的家长倾向于用一种随和的方式来培养孩子。只要孩子的态度友好，他们就会满意。即使孩子偶尔做事拖拉或者不整洁，他们也会表示宽容。只要他们在重要的事情上态度坚决，同样也能培养出善解人意、善于与人相处的孩子。

如果家长对孩子过分放纵，结果显然是令人不快的。这并不仅仅是因为对孩子要求得太少，而且还因为父母不能理直气壮地对孩子提出要求，或在不知不觉中纵容了孩子的蛮横。

最重要的一点就是，家庭中应充满一种爱意的氛围：孩子得到了爱，同时又学会了爱别人。我们多数时候都希望与人为善，与人合作，因为我们爱别人，也希望别人爱我们。有的人之所以成为惯犯，是因为他们在童年的时候从来没有被人深爱过，所以理解不了爱的意义。其中许多惯犯受到过虐待或者亲眼目睹过暴力和骚乱。儿童从3岁左右开始就逐渐不太与人争抢而开始与人分享了。这种变化的主要原因不是他们受到父母的提示，而是因为他们已经培养起了对其他孩子的感情。他们开始喜欢其他孩子，而且同他们在一起的时候感到快乐。

另外，孩子们都有效仿父母的强烈愿望。在3到6岁期间，他们会极其努力地做到有礼貌，有教养和负责任；很认真地模仿父母的样子去照顾他们的布娃娃，料理家务和外出上班等。

儿童的好习惯主要靠自己在爱和模仿中完成，但家长需要做的工作仍然很多。有些儿童比另一些更具有挑战性——他们可能比多数孩子活跃，更容易冲动，甚至更顽固——因此，要使他们的行为不离谱，父母就需要花费更多的精力。

4. 不威胁，也不体罚

儿童的纪律性不强。“如果你不把自行车放到路边，我就把它拿走。”这样的话听起来好像合情合理。但从某种意义上讲，威胁就等于试探，而试探就意味着孩子可以不听家长的话。如果孩子从经验中得知父母说话总是当真的，那么，当父母用坚决的口气告诉他必须走人行道的时候，他就会把父母的话放在心上。反过来，如果父母觉得非得采取比较严厉的惩罚措施不可，比如必须把孩子心爱的自行车拿走几天，那么，最好还是提前给他一个警告。只对孩子进行威胁而又从来不去兑现或者无法兑现，这种做法是很愚蠢的。它很快就会毁掉父母在孩子心目中的权威形象。所以，无论在什么情况下，用类似“野兽来了”或者“警察来了”的话来吓唬孩子都是完全错误的。

另外，对儿童进行体罚，也是一种不正确的行为，因为它会让儿童产生一种误解：比自己高大的人无论对错都有权力管教他。因此，那些挨过打的儿童在打那些比自己小的儿童时，就会觉得理直气壮。不少人认为，要让孩子表现好，就必须经常打孩子。但如今大多数父母已渐渐认识到，没有体罚或任何其他方式的惩罚，儿童照样能表现很好，成为彬彬有礼和与人为善的人。

5. 承认自己在生孩子的气

对天真无知的孩子表现出无限的耐心和爱心，这种想法几乎不可能实现。当孩子连续哭上好几个小时，父母用尽了所有耐心来安慰他也没能让他停下来时，孩子在父母眼里就会变成一个令人讨厌、固执、不领情的小东西。尤其是当孩子违反了一项合理规定，父母就很难只做一个冷面的判官，因为任何优秀的父母都有着强烈的是非观，而对孩子的性格又是那么在意。因此，父母肯定会感到特别愤怒。

有时候，父母要花费较长时间才会意识到自己在发脾气。孩子可能从吃早餐开始就一直在做一个又一个惹人生气的动作。父母如果先是以极大的忍耐不去理会，到了最后，这种被忍耐住的愤怒就会突然爆发！但当家长回顾孩子令人生气的行为时，就可以明白孩子其实一直在请求大人的坚决态度。

虽然父母对孩子失去耐心或对孩子不满难以避免，但我们也得考虑一个与此相关的重要问题：父母能坦然地对待自己的恼怒情绪吗？实际上，如果孩子一直让人不得安宁，父母如果自然、直率的话，就对朋友半开玩笑地说，“和他在屋里再多待一分钟我也受不了了。”或“我真想痛快地打他一顿。”父母当然不必把这些想法诉诸行动，但敢于向富有同情心的朋友或自己承认自己在生气，就能使父母明白自己一直在容忍什么，有助于以后更坚决地阻止孩子的不良行为。而且弄清了自己生气的问题所在，并且在交谈中把它说出来以后，父母的心里也会舒服很多。

有些父母为自己制定过高的标准，经常生气而又觉得优秀的父母不应该像他们这样。当他们意识到自己的这种情绪的时候，他们要么感到非常内疚，要么就设法否认这种情绪。显然，一个人如果试图压制自己的情绪，就只能使这种情绪以别的方式爆发出来，比如紧张、疲惫或头痛。

对孩子感到生气的另外一种间接的表现方式，就是对孩子的过分保护。如果一位母亲不愿承认自己对孩子有不满情绪，她就会凭空想象出一些可怕的事情，并且会认为这些来自于别的地方的可怕事情可能会发生在孩子头上，从而企图用自己的双翼保护孩子，而这样做却很容易导致孩子过分依赖。

上述问题是由于父母不承认自己生气而造成的。但让家长感觉痛苦的事情，事实上同样也会让孩子感觉痛苦。当父母害怕与孩子产生对抗情绪而又不敢承认的时候，孩子也会有同样的担心和畏惧。如果父母敢于承认自己对孩子生气，孩子就会觉得更加愉快，因为在这种情况下，如果他们自己也有这种情绪，也就会感到坦然。所以，父母把有正当理由的怒气发泄出来有助于澄清事实，使每个人都愉快。

当然，这并不是说父母可以对孩子粗暴，而是应该承认自己的怨气，也不是说只要有气就可以往孩子身上发泄。对于爱着自己孩子的父母来说，他们肯定不会随意粗暴地折磨或惩罚孩子。

第七节　溺爱

1. 屈服于孩子必然娇纵

容易把孩子宠坏的大多是这样一些家长：缺乏自信心，情愿做孩子的奴隶，并且期望孩子能够成为他们理想中的人；在大学里学过儿童心理学，并在心理学领域工作过，而且信心百倍地想证实自己能力的人；由于对孩子发脾气而感到内疚，而孩子要什么给什么，以便把事情扯平；听到孩于哭就忍受不了，因此时而愤怒，时而内疚的人。

无论内在因素是什么，这些家长都是孩子想要什么就给什么。如果孩子知道要东西的时候要明智一些，情况还不至于太糟糕。但是，他们并不知道什么对他们有好处。其实，听从父母的指导是孩子的本性，因为这能使他们得到安慰。当父母迟疑不决的时候，孩子就会不安。只要孩子一哭，家长就急忙把他抱起来，好像如果不管他们，结果就会很糟糕一样。这样一来，孩子也会产生同样的感觉。所以，家长越是向孩子的要求屈服，孩子的要求也就越高。这时，家长就会感觉像奴隶一般。麻烦的是，一到这时，家长就会感到生气，接着又会感到自责，然后再次让步。

家长如果对孩子过于娇生惯养，就很可能导致孩子在成长过程中产生一系列行为、品行和习惯方面的问题。事实上这也是一种病症，即“溺爱综合症”，也有人称之为“脆弱儿童综合症”。

溺爱对孩子成长所造成的影响通常在学龄前就会表现出来。由于家长的过分迁就和百般依从，会使儿童分辨能力差，到了学龄前仍然分辨不出哪些是正常的行为规范，哪些是应该禁止的要求。由于家长的过分保护，使儿童的社会适应能力明显不足，并产生许多行为和情绪问题。儿童的个性也是导致溺爱综合症的一个因素。总结起来，这样的孩子通常表现为对父母的过分依赖，性格倔强、任性、胆小、自理能力及社会适应能力差等，并有偏食、挑食的毛病。

（1）过分依赖

依赖是儿童寻求保持与一个人亲密联系的行为。在幼儿是一种正常现象，是发育过程的必然阶段，但依赖过分而与年龄不相称则为不正常行为。依赖行为的临床表现因年龄而异，年幼者常时刻与家人在一起，家人一旦离开就哭闹不止；年龄稍大时则表现为本该自己作决定的事自己不能决定，什么事情都要他人帮助。依赖的程度有性别差异，女孩的依赖心理较重，青春期后仍可有较重的依赖行为；男孩的依赖行为则一般随年龄增长而逐渐克服。

（2）倔强

倔强的孩子有时对合理的要求也表现出强烈的抗拒，乃至对任何要求都表现出违抗心理，如不脱衣睡觉、不吃饭、强占他人物品、故意做些不让其做的事情等。抗拒本是儿童的自我防御本能之一，对自己不利的事表示拒绝是正常现象，如果对正常的管理教育和合理要求也经常表示出违抗，就说明有问题了。

（3）退缩

退缩行为是儿童对新环境适应困难而表现出的一种胆怯现象。主要表现为不愿接触陌生人，甚至不愿去公园。这类儿童从不主动地与其他儿童交往，平时表现孤独、胆小、害怕、沉默少言、喜欢一个人玩。当开始去幼儿园或上小学时则表现出紧张、害怕，但对新环境熟悉后，退缩行为就会逐渐减轻。一般情况下退缩行为随年龄增长而逐渐消失。

（4）社会适应能力差

社会适应能力差表现为生活自理能力和与同龄人相处能力差，事事需要别人照顾，缺乏独立生活能力。

（5）品行问题

过分溺爱的儿童往往伴有某些品行问题，他们通常爱发脾气，对老师不够尊重，对弱者缺乏同情心。

2. 父母有内疚感的后果

对孩子有愧，是宠惯孩子的一个心理因素。即便有些父母的耐心已经达到了极限，而孩子也确实太过调皮，需要明确指正，但这些父母还是会努力让自己保持宽容的态度和温和的性情。或者说，每当孩子需要严格管教的时候，他们犹豫不决。

像大人一样，孩子也知道自己什么时候淘气得过了头或者太放肆了。即使父母装做没看见而任他胡闹，他也知道自己太过分，会在内心里感到内疚。

如果任凭孩子这样下去，他的行为就会越发过火，而父母的忍耐极限也终将被打破。这时，父母就会对他进行责备或惩罚。等到重新平静下来以后，父母就会对自己失去对孩子的耐心而惭愧万分。可以看出，这些家长不是去认同这种惩罚结果，而是对自己的做法进行矫正，或反过来让孩子惩罚他们。他们要么在惩罚孩子的过程中允许孩子对自己无礼，要么在问题处理到一半的时候就把处理决定收了回去，要么当孩子再次出现不良行为的时候假装没看到。

家长显然没有想到这样做的后果是什么。如果我们无法想象为什么家长会允许甚至鼓动杀了人的孩子负罪逃跑，这就说明我们不知道犯罪后的心理是怎样的。大多数明事理的父母在觉得对孩子有失公正或考虑不周的时候，就会偶尔放纵孩子一下，并很快恢复正常的做法。但要是一个家长说“孩子每说一句话，每做一件事，都让我气不打一处来”，这很可能就是一个信号，说明家长感到极端内疚并不断地屈服让步，因此导致孩子越来越任性顽固。

实际上，问题的关键就在于父母完全没有必要保持那种内疚感，或认为自己没有尽到职责。要是父母能够清楚自己可能在哪些方面做出的让步太多，并能在这些方面严格纪律，那么只要他们能坚持下去，就会高兴地发现孩子不仅渐渐守规矩，而且愉快起来。这样，父母就会更爱自己的孩子，孩子也会更爱父母。

3. 制订紧凑的日常计划

问题发现得越早就越容易医治。但父母需要很强的毅力和一定的狠心才能对孩子说出“不行”二字，才能在某种程度上给孩子一定的限制。为了保持良好的心境，家长必须牢记，孩子的不合理要求和过分的依赖性，最终给他带来的坏处将大于好处。因为孩子这样下去不仅会使自己的思想行为误入歧途，而且也将使他与外界格格不入。所以，教育和改造孩子完全是为了他们好。

父母应该给自己制订一个计划，如果必要可以写在纸上。要把家务和其他事情都紧凑地安排好，使自己在孩子不睡觉的大部分时间里都有事情做，做事的时候要麻利。这样不仅能引起孩子的注意。比如，娇正孩子已经养成的需要整天抱着的习惯要做的是，当他哭着伸出双手要你抱时，你要和气而坚决地对他解释说，这件或者那件工作必须在今天下午做完。虽然他听不懂你的话，但他能理解你的语气。这样，你就可以继续你的工作了。不过，头一天的第一个小时是最难过的。

如果妈妈最初很少说话，或者大部分时间都不露面，孩子就不得不把注意力转移到别的东西上。这样，有些孩子也能比较容易地被改造过来。还有的孩子只要能看见妈妈或者听到妈妈和他说话，即使不抱他，也能很快地调整过来。如果父母想给他一个玩具并且教他玩的方法，或者想在傍晚和他玩耍一会儿，应该在他旁边席地而坐。如果他想往父母的身上爬，父母可以让他爬。但是，千万不要给他重新养成抱着走动的习惯。当父母和他一起坐在地板上的时候，如果他意识到父母不会抱着他走，他就会自己爬走。如果父母把他抱起来走动，那么，只要父母想把他放下来，他就会哭闹着抗议。当父母和他一起坐在地板上的时候，如果他不停地哭闹，就应该再找一件事情做。

父母应该尽力做的就是帮助孩子锻炼忍受挫折的能力。但是要慢慢来。如果他不能从幼儿期就慢慢学会忍耐，以后再想学就不容易了。

父母从孩子很小的时就应该树立一种意识。要正确对待儿童的合理要求，避免过分宠爱，也不应过多责罚。

当儿童的要求不合理时，要给予耐心解释。若儿童仍坚持无理要求，父母就可以采取不理睬的方法对孩子的要求进行“冷处理”。若儿童发现自己的过分要求未达到目的，以后就会逐渐放弃不合理要求。比如对健康儿童拒绝吃饭者，父母可置之不理，当他饥饿时出于本能自然就会进食。

对胆小、敏感和退缩的儿童，则应该多鼓励，要逐步培养他们的独立生活能力，鼓励他们自己的事情要尽可能自己完成。对具有严重行为问题和品行问题者，则要送往医院检查，并在医生的指导下进行治疗。

第八节 抱怨

1. 孩子为何总是抱怨

孩子总是抱怨这抱怨那，看似五花八门，实际上是在不断重复同一个要求，孩子就是希望得到自己喜欢的东西或要求做想做的事情。

到了3、4岁之后，孩子们就会越来越喜欢抱怨，他们不停地抱怨，不仅使他们自己不痛快，也常常使父母很恼火。

孩子抱怨是要求过多的表现，也有一些是由于慢性病或父母离异带来的不幸等因素所致。这种习惯要几个星期，甚至几个月才能养成，也需要相当长的时间才能克服。

怨言是五花八门的。一个孩子在下雨天可能没完没了地抱怨，“什么事情都没有，真烦人。”或者“我为什么不可以看完这个节目再睡觉？”这些抱怨的意思显而易见：挑剔、牢骚、找茬儿。但它们却是同一个要求的不断重复，目的都是希望得到自己喜欢的东西或要求做想做的事情。从这个意义上讲，这些抱怨多数都是正常的。

许多孩子只向爸爸或妈妈一个人抱怨，而不是向两个人。在这种情况下，儿童表达的不只是他们的习惯和情绪，而是针对父母的态度或与父母之间的轻微关系失调。

2. 为什么有的父母能容忍

有些父母可能会觉得孩子有权不断提出过分的要求，而他们也必须满足孩子的要求。他们可能因某事而感到内疚，比如，没有给予孩子需要的东西，乃至给予孩子的爱远远不够。在父母的责备声中长大的人，成年后为人父母最容易觉得自己不称职。他们对待孩子尽心尽责，但心里总还是难免内疚。他们觉得自己缺乏儿童护理方面的知识，担心自己会做错事。而这种内疚又常常使父母难以痛下决心，不能果断、坚决和实事求是地去对待孩子，否则就能够制止孩子的抱怨，因为孩子能够清楚地知道父母说“不行”的时候是说话算数的。

遗憾的是，父母往往做不到这一点。比如，他们不说：“不，你现在不能吃东西，因为快到吃午饭的时间了。”，而是说：“那么，你就少吃一点儿吧。”这样一来，孩子又会提出新的要求，“我可以吃一块小甜饼吗？”然后父母又回答说：“好吧，那你就吃一块吧。”这时，孩子已经把父母的脾气摸透了。所以，他会毫不犹豫地抓上一大把小甜饼。孩子是出色的机会主义者，最善于洞察和利用父母犹豫不决的弱点。

3. 不给孩子讨价还价的余地

父母应该怎样面对孩子的抱怨?

父母必须弄清楚自己对孩子的态度是否助长了孩子的抱怨。比如，说话时是否经常表现得模棱两可、犹豫不决、逆来顺受或者内疚，是否同时还为自己受制于孩子而恼怒。

如果想不出自己有什么犹豫不决的态度，那就应该找一找引起孩子抱怨的其他原因，然后自问一句是否做出了什么不明智之举，从而助长了孩子的抱怨习惯。比如，是否对孩子的抱怨太过注意，或是否总是采取让步的方式来解决孩子的抱怨。

父母要有信心，力求在孩子面前态度友好。如果父母有管好孩子的信心，而且确实做得很成功，他们对待孩子的时候就能既做到说一不二，又能满面春风、态度友好。这样一来，他们的友好态度就能使孩子乐于合作，他们的明确态度也为孩子提供了明确的指导。这是孩子需要得到的，也是他们希望得到的。有信心的父母是不会在“什么可做，什么不可以做”这一问题上和孩子争论不休的，因为如果父母允许孩子讨价还价，孩子就可能没完，而且还会处处强词夺理。因此，父母必须把道理和孩子说清楚，告诉他什么可行，什么不行，然后愉快而又果断地结束争论。

对孩子的任何要求父母都应该制订相应的规定，而且必须坚决贯彻。比如，什么时候必须上床睡觉，什么电视节目可以看，多长时间可以请朋友吃一次饭或者在家过一次夜。这些都是严格的家法，是没有讨价还价余地的。如果孩子抱怨无事可做，比较聪明的做法就是不要理他，不要给他提这样那样的建议，因为孩子处于这种心情的时候会轻蔑父母的建议，他会连想都不想就把这些建议一个一个地拒绝掉。如果出现这种情况，父母不要和孩子争论，而要让孩子自己解决自己的问题。比如，可以对孩子说：“我现在有好多事情要做。但是过后我还要做点儿有趣的事情。”换句话说，就是“跟着我学，为自己找点儿事情做。甭想让我哄着你玩，也甭想让我和你争论”。

可以偶尔允许孩子提一些特殊的要求。而且，只要觉得孩子的要求应该得到满足并且父母也想满足他，那就应该爽快地满足孩子。但在孩子没完没了、急不可待地提出更多的新要求之前，父母必须首先不容置疑地给孩子以规定限制，这样就能避免引起孩子的抱怨，父母也可以避免灰心丧气的情绪。

第九节　偷窃

1. 明知故犯的深层原因

3岁之前的孩子之所以常常喜欢拿别人的东西，只因为还不清楚哪些东西是他的，哪些不是。所以从严格的意义上说，不算是偷窃。这时，家长只需要提醒他某个玩具是谁的，让孩子把玩具还给别人，并告诉孩子在家里他也有许多一样好玩的玩具。

真正的偷窃行为，是发生在6岁之后。这么大的孩子已经知道拿别人的东西不对，因此偷偷地拿了别人的东西之后就把它藏起来，而且还矢口否认自己的偷窃行为。

先以一个7岁左右的男孩儿为例。父母尽职尽责地把他抚养大，给他买了不少玩具和其他物品，并且还给他零用钱。可是他还偷东西，比如从妈妈或者同学那里偷点儿钱，从老师那里偷支钢笔，或者从别的孩子的柜子里偷一本小画书。他偷这些东西通常是没有什么理由的，因为他什么也不缺。但我们可以看出，这个孩子的大脑思维是紊乱的，他好像渴望得到某种东西，因此就去拿一件他并不真正想要的东西来满足他的欲望。这意味着什么呢？

在大多数情况下，这至少意味着孩子感到不愉快或者孤独。比如，他们可能觉得和父母的关系不像从前那样密切了，也可能觉得在与同龄孩子交朋友方面不太成功。而最主要的原因，就是他们感到父母疏远了他们。这样一来，如果从朋友那里得不到令他们温暖和满意的友谊，他们感情上就会陷入孤独无助。有些孩子偷钱去“买”友谊就是这个原因。还有的孩子把一角五分硬币分给同学们，也有的孩子则去买一些糖果分给同学们吃。应该记住，孩子在这个令人讨厌的阶段里逐渐疏远父母，因此父母也容易对他们产生更多的不满。

青春发育期的早期是一些孩子感到更加孤独的又一个时期。这是因为他们越来越感到害羞，越来越敏感和越来越渴望独立所致。各年龄段的孩子都渴望得到更多的爱，这就是他们偷东西的部分原因。但是，通常也存在着其他个人因素，比如恐惧、嫉妒、怨恨等。

2. 父母的正确态度和方法

家长和老师知道孩子偷了东西以后自然会特别伤心，因为我们所受的教育已经明确地告诉我们，偷窃是一种严重的犯罪。因此父母会去责骂孩子，使孩子有羞耻感。但必须指出的是，让孩子知道成人绝不赞成任何偷窃行为，并坚持让孩子立刻退还赃物，这是绝对必要的——这就类似于说谎，如果孩子说谎，就决不能轻易饶过他，因为轻信孩子的谎话就意味着宽恕孩子的这种行为——只是绝不要吓唬孩子说要把此事公布于众，也不要表现出好像再也不爱他了。

必须让孩子将物品还给别人或者放回他偷窃的商店。如果让他放回原处，得体的做法是家长陪着孩子一起向售货员说明：“孩子没有付钱就拿了东西，现在想还回来。”老师可以将物品还给物主，但是不要当众羞辱孩子。也就是说没有必要让孩子难堪，只要让他们明白偷窃是绝对不容许的就可以了。

接下来我们就应该认真思考一下这样的问题了：孩子在家里是否需要得到更多的爱和更多的赞扬？是否需要得到更多的帮助去和他人建立更亲密的友谊呢？如果可能，现在应该给他一些零用钱了，而且在数量上要和他认识的同龄伙伴一样多，因为这样做有助于孩子确立自己在小团体中的地位。如果孩子的偷窃行为屡教不改，或者在其他方面与环境格格不入，家长就应该求助于儿童指导诊所、儿童精神病医生或者儿童心理学家。

还有一种不同于上述类型的偷窃行为：某些孩子认为偷窃是一种勇敢的表现。虽然这种行为不规矩，但也不是出于恶意，也不是与环境格格不入。这是一种对个人良心的群体试验。富有良知的父母在这样的环境里抚养孩子，可能需要和孩子进行理解性的对话。但不应该由于孩子参加了一次这样的冒险行动，就把孩子当做罪犯一样看待。孩子只不过是顺从自己的正常本能，以便在这个群体中确定自己的位置而已。要想纠正孩子的这种不良行为，就需要家长旗帜鲜明地谴责孩子的偷窃行为，同时还必须以身作则。

除此之外，还有一种偷窃。这种偷窃者几乎没有是非观念和责任感，而且极其好斗。这种人从童年开始就缺乏友爱和安全感。对他们的唯一希望就是心理治疗，并让他们与富有爱心的人一起生活。

第十节 攻击性

1. 不同阶段的攻击性

攻击性是人类的本性之一。作为一种孤立的情绪，孩子6个月以后通常就会出现愤怒的情绪。父母的任务就是帮助孩子找到一种可以让人接受的方法，来表达和处理他们的攻击性。

孩子爱父母，也渴望父母爱自己。这种思想为孩子提供了一种很强的动机，促使他们去学会处理好自己的攻击性。如果孩子在成长过程中能得到父母的鼓励，他们控制攻击性的能力就会越来越强。一个1～2岁的孩子如果生另一个孩子的气，他就可能会毫不犹豫地去咬那个孩子的胳膊。但是到了3～4岁以后，他们已经懂得了人身攻击是人们不能接受的行为。然而，他们还是喜欢朝一个假设的坏人开枪。他们甚至可能会假装朝爸爸或者妈妈射击，但同时还一幅笑嘻嘻的表情，目的是让爸爸或者妈妈放心，他们的枪和对父母的敌意都不是真的。另外，孩子在3岁以后已经会说一些话了，因此父母可以鼓励孩子用语言而不是行动，去表达愤怒。

6～12岁的孩子会很认真地玩打仗的游戏，并且这种游戏的规则还可能很严格。他们可能会出现争吵和打闹，但真正的打斗现象则很少出现。这个年龄段的孩子通常不再瞄准他们的父母，即使在开玩笑的时候也不这么做。这并不是因为父母对孩子的要求更严格了，而是孩子自己的良心使然。即使是伤害父母的想法，也会让他们觉得不自在。

孩子进入青春期以后，他们的攻击欲望就会更加强烈，但大多数孩子此时已经能够把这些情绪引向运动、竞技或玩笑中去。

2. 玩具枪和战争游戏

有些家长考虑得很周到，他们不想让孩子养成好战的习气，因此对是否应该让孩子玩手枪或者其他战争玩具提出疑问。实际上，玩枪和好战之间并没有多少联系，玩打仗是孩子约束自己的攻击性的必然过程。一些少年犯之所以好斗，也并不是因为在5岁或10岁的时候扮演强盗才导致个性变态的，而是因为在他1～2岁个性形成时期无人重视、受虐待或缺少关爱。

如果我们让孩子觉得残暴是可以被人接受的，那么，长大后，假如他们知道某件事是虚伪的，或对某些个人或团体非常不满，或者他们受到挑衅的时候就容易失去理智。

但我们当真要剥夺儿童的玩具枪吗？当真要不让孩子看他们喜欢看的打斗片吗？一般来说，如果父母允许孩子玩玩具枪或看打斗片，也应该坚决制止孩子的战争游戏，制止任何蓄意制造残暴和行凶的儿童游戏。这并不是说父母一定要干预孩子的每一次争吵或扭打事件，而是说，如果有一个3～4岁的孩子想要一把玩具枪，父母应该带着友好的微笑而不是满脸怒容对他说："我不想给你买枪，也不想让你去做哪怕只是假设的射击，因为世界上已有太多的行凶杀人事件。我们都必须学会如何与别人友好相处。"接着，父母还要问孩子是否还想要别的礼物。

如果之后孩子拿着一根棍子当手枪，想加入一群正在互相"砰、砰、砰"射击的孩子的行列，父母不必冲出去提醒他。只要其中没有残暴行为，就可以让孩子得到参与这个游戏的乐趣。如果别的成人送给他一支玩具枪或其他东西做生日礼物，父母也不要鲁莽地从他手里夺走。长到7、8岁时，如果孩子决定用自己的钱买玩具枪等攻击性装备，父母不必禁止，只是要提醒孩子父母是不会给他买这种玩具的。

但从这时起，孩子会在离家越来越远的地方玩，而且自己做决定的时候越来越多。我们不要用坚决否定的态度和他谈话，也不要让孩子由于害怕而不敢做出违背旨意的决定。关键在于，父母要摆明观点，让孩子的内心受到影响。实际上，父母也只能给孩子这么大的影响。这样一来，即使他在那时还可能非要买玩具枪不可，但到了青春期也不会再买了，因为到了这个年龄以后，孩子就会考虑到父母的反对立场，甚至还可能考虑得更多。

3. 暴力青少年的成长背景

走向暴力的青少年，其成长背景都有某种意义上的相似性，亦即基本上在早年时期都遭受暴力的威胁、压迫和伤害，而成为精神创伤者。他们在一个缺乏爱的环境中长大，并逐渐成为一个对世界和他人冷漠，缺乏同情心，崇尚暴力的敏感的人。

青少年暴力发生率急剧上升，已经改变了我们看待年轻人的方式。但不应把这一切简单地归咎于媒体的暴力或过分宽容的社会。青少年暴力行为的根源可以追溯到早期抚养中的一些因素与那些鼓励青少年施暴的同辈人的共同作用。

趋向于暴力的青少年有着怎样的成长背景？首先，他们常常是父母施行暴力的牺牲品或见证人。例如，在有暴力的家庭中，这种体验对孩子来说是痛苦而难忘的，孩子可能哭喊着表达出恐惧和焦虑。这样一个孩子会养成一种警惕、戒备的心态，等待着下一次精神创伤。

然而，随着时间的推移，这些紧张的情绪逐渐发生变化。孩子长期处于高度紧张状态，以至于再也无法忍受。他们慢慢对这种精神创伤变得麻木，然后自己变成了攻击者。攻击对处于极度痛苦中的孩子来说，是一种可以理解的自我保护。

一些孩子开始觉得与创伤的创造者接近了，他越来越充满力量，而模仿家长的行为，往往又在道德上被视为合理。

自相矛盾的是，使用暴力的个人几乎总认为他们自己是牺牲品，是恃强凌弱者或偏见的牺牲品。因此，他们相信自己的暴行完全是合理的。通过这种方式，暴力得以永存。

变成一个暴力青少年还有其他先兆。比如孩子是被以冷酷的、缺少爱的方式抚养长大的；孩子被过度地惩罚，尤其是身体上的惩罚。自尊心弱的孩子更可能变成暴力性的，尤其是受其他一些冒险因素的综合影响。好冲动的、缺乏理性和自制力的孩子，在遭受挫折或生气时更可能使用暴力。

所以，不管由于什么原因，那些后来变成爱用暴力的孩子，把世界看做一个冷酷的、充满敌意的地方。他们养成了一种对他人总是有敌意倾向的思维习惯。他们的观点是“所有人都企图攻击我”。例如，一个小男孩偶然撞上了另一个小男孩，大多数的孩子会对此不屑一顾，并把它当成一次意外。但充满暴力倾向和攻击性的孩子却相信那个男孩是故意撞他的，目的是想伤害他。所以，他拽住那个撞他的男孩并狠狠地揍他。攻击性的孩子认为世界是一个不安全的地方，在世上只有受害者和害人者，所以他无意识地选择了后者，并成了一个恃强凌弱者。他从伤害别人中得到了力量和满足。暴力性的孩子几乎没有同情心，他们甚至看不出，或很少能察觉别人的痛苦。他们还相信制服他人是力量与价值的标志，暴力则是解决争端的合理手段，乃至唯一手段。对其他孩子的野蛮可能是他们获得自尊的唯一源泉，也是对他们人生价值的唯一确认。

4. 如何避免暴力倾向

不粗暴对待或伤害孩子，教育孩子不伤害他人，培养一种设身处地为他人着想的品质，以及适时对孩子进行有关方面的谈话，都有助于孩子获得健康的心态，预防孩子走向暴力。最重要的是，应给予孩子一个充满爱心的环境。

在我们已知道了关于暴力先兆的基础上，有一些规则就会自然显露出其重要意义，简要归纳几条规则希望作为家庭成员行动的一个参考。

在家里，“不要伤害他人”应当清楚明了地显示出来，不能模棱两可，这对每个家庭成员都适用。当小孩对他人使用暴力，家长不应该使用打屁股或打耳光这样的肉体惩罚方式。

家长应首先给受害者密切的关注和亲切的照顾。然后，应当使攻击者清楚地意识到受害者是怎样感受暴力的：“这样做真的伤害了别人。如果有人这样对你，你也不会高兴的。”这是开始努力教给孩子具有同情心，尽量设身处地为他人着想。例如，一个2岁的孩子咬了人，他不知道他对被咬的人做了什么。随着孩子的长大，比如到了4岁左右，当孩子开始变得不以自我为中心，并有了更强的语言表达能力时，就会开始理解当他攻击别人时，是怎样伤害别人的。

与学龄期孩子谈论暴力是大有裨益的。家长可以问孩子学校里发生了什么事？学生中有打架的吗？问孩子那些学生打架的原因，当有人要找他打架时，他会怎么做？根据孩子的回答，家长可以演示一下一个人不用暴力可以怎样对付各种公然的挑衅。例如，家长可以教孩子试探攻击者的动机：“你认为他为什么打架？你认为他打架后感觉好点了吗？你认为打架很酷吗？”随后，家长可以详细讨论孩子面对能升级到暴力的情形应该做出怎样的反应。比如，家长可以让孩子试着说：“我知道你想打架，但这不值得打。我没有什么真正反对你的事。如果你想谈什么，就让我们谈谈吧。但如果你想打架，恕不奉陪。你要是继续打扰我，我就要告诉你的父母。”

家长的目标就是想出非暴力的办法来减轻潜在的紧张度。我们也要教孩子对于模棱两可的、易变的情况作出镇定、合理的反应。对于那些打架的挑衅，应该努力让孩子培养一种习惯，就是在心里想的不是去应战、逞能、以暴抗暴，而是要考虑：“这个人怎么了？他很不安吗？他喝醉了？我怎样能使他平静下来？”

培养非暴力的孩子，像为人父母的其他任务一样，说容易也容易，说难也难。虽然充满爱心地、合情合理地、公平地对待孩子是避免青少年暴力的最好办法，但劝导青少年不使用暴力这一问题，即使在最温和的家庭中也需要特别关注。很明显，使用暴力的人是后天形成的，非暴力社会的创造是从每个人、从家庭生活开始的。

第十一节　不合群

1. 孩子为何会被孤立

如果孩子不合群，就可能遭受其他的轻视、嘲笑甚至欺负，而且在做游戏的时候也被排斥在外。这是孩子所能遇到的最大难题。这种情况发展到最严重的时候，孩子就会愈加孤独，并疏远他人，失去自尊心，情绪沮丧，对未来失去渴望。

但他们并不会失去一切。研究表明，有些不合群的孩子长大后成了最成功的人。由于这样的人从孩提时期就学会了如何去对付厄运和他人的排斥，他们具有一种我行我素、不顺从他人的劲头。但家长必须明白，这里针对的不是那些有一些朋友，只是偶尔感觉不合群或受排斥的孩子，而是针对那些几乎没有朋友，多数时候被孤立、嘲笑的孩子。

孩子不合群多是由他们的行为模式与同龄孩子不符所造成的。他们不理解其他孩子期望的是什么，也不能在做事和说话之前预见其他孩子会做出什么反应。往往由于他们不成熟和以自我为中心，所以不知道如何去向别人要东西而又不引起别人的不悦，也意识不到同龄朋友如何看待他们的言行。换句话说，不合群的孩子之所以被孤立，是因为他们没有按照同龄人的方式来做事。

这些被孤立的孩子通常都存在着严重的情感问题。而其他孩子并不懂得这一点。他们只知道不合群的孩子不知道如何像他们那样玩，不懂得遵守游戏规则，或者一直坚持按自己的方式行事。他们拒绝接受不合群的孩子，是因为他与他们不同。但这种不同并不是基于种族或文化习性上的不同，而是一种偏离了同龄集体的标准和期望。尽管同龄孩子显得很不友好，但专家们还是很认真地对待他们的看法，认为这种看法暗示了不合群的孩子有严重问题，必须对此认真研究。

2. 给父母的建议

如果孩子非常不受人欢迎，父母就要认真对待。千万不要轻视这个问题，认为这无所谓。要尽可能地观察他与其他孩子在一起时的行为，并且尽量弄清他隔多长时间会出现一次不同于其他孩子、激怒其他孩子或离开其他孩子的行为。如果家长仍然担心，不妨把情况说给其他家长、老师以及关心孩子的成年人听。他们会真诚地帮助解决孩子的行为问题。正如前面提到的，如果孩子已到了完全被孤立和不合群的地步，这通常就表明孩子需要儿童精神病医生或心理医生的诊治。解决这个问题的最好途径通常是由专家进行治疗，父母则要细心地配合，并且让老师和朋友等成年人也参与进来，以便在孩子没有好转之前减少孤立感对他的不利影响。下面提供一些建议，希望给不合群孩子的父母带来帮助。

家长可以邀请一位朋友到家里来玩，或者带他和孩子去逛公园、看电影或去孩子和朋友都感兴趣的其他地方。只带一位朋友，是为了让孩子有个伴，避免孤单。在这种短途旅行期间，要注意观察孩子的行为。在这位朋友离开以后，再温和地给孩子指出他哪些方面表现得不当、自私或者残酷。

在孩子做游戏时，家长如果在一旁观看，任何不合群的孩子都会觉得很愉快。因此，家长应该给孩子报名参加一些集体活动，比如体育运动、舞蹈课等，并应该把孩子的问题和困难向活动的带头人讲清楚，并请他帮忙。如果他是一个曾与众多孩子打过交道的人，这件事就没有什么问题。到了青春期以后，许多孩子都会找到一两位与自己有相似爱好的朋友。这对他们是一个极大的安慰，有助于他们与其他人建立友谊。

如果孩子与其他孩子发生了不愉快，不要责备或呵斥孩子。要带着同情心去倾听孩子的感受，要让孩子觉得在任何时候家都是一个安全的港湾，家长和孩子的谈话永远都是安慰和自尊的来源。

需要注意的是，给不合群的孩子以帮助，使孩子取得进步，需要一个不懈努力的过程，无论是家长对孩子的理解和不容置疑的爱，还是其他成年人对孩子的支持或专家对孩子的诊断和治疗，都要有极大的耐心和关爱之心。

第十二节 媒体接触

1. 电视

家长所能做的最重要的事就是帮助孩子理解并正确认识他们在媒体中看到的、读到的和听到的。

（1）不要限制孩子涉入媒体

在当今社会，随着电视机的普及和电视节目的日益丰富，青少年儿童看电视花的时间（每周23个小时），似乎比从事其他任何活动的时间都要多出许多。

这种状况反映了这样一个问题：成人每周有23个小时把孩子留给了电视这个临时“保姆”。而这个“保姆”告诉孩子的就是：暴力是可以被接受的解决问题的手段；在没有爱情的情况下做爱是刺激的，此外并没有什么真正的副作用；拥有最新产品是成功与幸福的手段。看起来，在电视保姆展示给孩子的世界和我们希望看到的世界之间，几乎没有相似点。家长为什么愿意把孩子托付给它呢?

原因很复杂。很多家长当然担心媒体对孩子的影响，可是很少有人能把他们的想法让广告商知道。然而，看电视成为了人们生活的一部分，人们几乎无法拒绝它。

研究者认为媒体教给孩子以歪曲的方式看待这个世界。例如，看了很多暴力电视片的孩子相信在真实生活中，被抢劫或被谋杀的机率比实际上可能发生的机率高很多。媒体为了吸引孩子的注意力，日常生活的价值也被扭曲了。

这种注意力的确是电视网络正在寻找的东西。很多人错误地以为电视工业的生产线是广告。事实上，电视公司卖的产品是观看者的注意力。换个说法是，收视率越高，亦即他们积累的这种产品越多，从广告中赚的钱也就越多。媒体所关心的就是能否赚取更多的利润。几乎在所有国家，都是如此。

既然电视节目是一种吸引人们注意力的手段（而不是用于教育或启发，除非吸引了你的注意力），那么大多数电视节目就都尽力吸引最广泛的收视者并常常变得耸人听闻，其中的原因就很清楚了。

所以，不要试图限制孩子接触媒体，家长所能做的最重要的事就是帮助孩子理解并正确认识他们在媒体中看到的、读到的和听到的信息。父母还应帮助孩子学会区分什么是真实的，什么是真正重要的，以及什么是媒体的编造和虚构。

当然，某些少儿节目或科教节目能给孩子提供良好的知识经验。这些节目也常以娱乐的方式进行教育，教给孩子关心他人与友善的价值。但相比而言，这些节目少得可怜，大多数的儿童节目仅仅是为了卖产品，并通过快速的、又经常是小丑的行为来吸引孩子的注意力。

电视对观看者的另外一个较小却很令人担心的影响是促进了孩子的被动性，使孩子缺乏创造性。看电视不需要观看者的脑力活动，你只需坐着让画面从眼前经过就可以了。这同读书或听广播有很大差别，后两者都需要接收者运用想象力。看电视的人对电视选择播放的任何画面都是被动接受者。看电视与创造力是不相容的。一些人认为这种非参与性的观看活动损害了孩子学习阅读的能力，只培养了短时的注意力。

那么，家长应该做些什么呢？显然，不让孩子看电视是一个合乎逻辑的解决方法。这种方法使孩子和家里人不再依赖于被动的娱乐活动，而要学习通过读书、写作或和他人交谈，来创造性地、积极地发展他们的兴趣。

但这种方法对大多数人来说太极端，因为电视也有其优势，为了充分发挥其优势，减少对孩子的不良影响，我们就有必要遵循一些合理的规则。

（2）严格限制时间

一些孩子从放学回到家，直到晚上被勒令上床，他们都坐在电视机前目不转睛地看。他们不想花时间吃晚饭，做作业，甚至不跟家里人沟通。实际上，这对家长也有一定的吸引力，因为看电视可以让孩子保持安静。但家长最好采取一定的措施，比如和孩子达成一个合理而明确的共识：对于什么时间进行户外活动和与朋友在一起，什么时间做作业，什么时间看电视，进行统筹安排。比如，可以让孩子在做完作业、杂事或完成其他任务后，拥有1~2小时看电视的时间。

（3）限制收看内容

对于较小的孩子，家长对他几乎有绝对的控制，因此可以一遍又一遍地为孩子选择好的录像带观看。孩子们甚至意识不到电视可用其他的方法来使用。当孩子确定看商业电视时，父母就一定要加以考虑。随着孩子长大，父母也要限制他们收看某些电视台的节目。如果家长把电视当做临时保姆，那么要弄清它是否符合家长的要求，就像平时对待其他临时保姆一样。

家长应当直截了当地禁止孩子看暴力节目。年纪小的孩子只能部分地区分戏剧与现实的关系。家长可以向孩子解释：“人们互相伤害和残杀是不对的，我不想让你看他们这样做。”即使孩子对父母撒谎，偷偷地看这样的节目，他也会很清楚父母的态度，这会保护他不受那些粗劣的暴力场面的影响。

等再长大一点，孩子就会开始对父母检查节目的企图表示愤怒："其他孩子都能看，为什么我不能？"发生这种事情时，父母应当坚持自己的观点。孩子可能会在朋友家里看暴力节目或庸俗的娱乐节目，父母就要告诉孩子这种节目和家庭标准不符，因此不想让孩子看。

（4）给予悉心引导

处理电视上那些不益于孩子身心健康的节目的最好办法是和孩子一起看这些节目，并帮助他成为一个有辨别和批评能力的观众。你可以就你们刚刚看完的节目是否和现实社会相似，做出评论。

如果刚刚看完一个打斗片，片中有人受伤，孩子却对此不屑一顾，家长可以对孩子说："那人鼻子上挨了拳头，事实上一定受了伤，你认为是这样吗？电视并不像真实的生活！"这也会教给孩子同情暴力的受害者，而不是认同攻击者。看广告时，家长可以对孩子说："他们说的是真的吗？实际上他们只想让你买他们的产品，这样他们就可以发财。"父母应该让孩子知道广告是什么而看广告，并开始了解广告的操纵企图。当看到带有性内容的场面时，父母可以这样评论："这一点也不像实际生活中的样子。它只是一场为了推销产品而进行的虚假表演。"

父母平时就要有意识地利用与孩子一起看电视的机会来帮助孩子学会用更真实、更健康的方式了解世界。当孩子学到了这些内容，他就能获得对电视信息的分辨能力。

2. 电影

对于7岁以下的孩子来说，看电影是一种冒险。比如，有一个像有生命的人物一样的节目似乎是小孩最理想的娱乐片。但当到了电影院，发现故事中的一些情节把孩子吓得不知所措。

父母有必要知道4、5岁的孩子不能清楚地分辨什么是编造，什么是真实。屏幕上的某些鬼怪面目狰狞可怖，会吓着孩子。所以最好不要带7岁以下的孩子去看电影，除非家长或其他非常了解小孩的人已经看过这部电影，而且这部电影具有积极意义，没有不健康的内容。

即便如此，小孩也必须在一个有同情心的成人的陪同下去看电影，因为这个成人可以在必要的时候给孩子解释，既安慰了孩子，又灌输了正确的观念。

电影中的暴力场面也对孩子的心智成长造成影响。曾经在一所幼儿园里发生了一件事：一个有经验的老师正在给学生上课，突然，有几个孩子粗鲁地打了起来，而且越打越凶。当老师规劝孩子们的时候，这几个孩子就反驳说，“三个小丑”就是这样的呀!

“三个小丑”是一个儿童电视节目，由一些旧电影短片编排而成，里面充满了暴力和插科打诨。此节目一经播出，就立刻受到欢迎。而那几个孩子的态度则反映了一个重要的问题，即看暴力镜头会降低孩子的行为标准。而一些心理学实验也已表明，观看电影或者电视中的野蛮镜头同样会刺激成年人，使他们变得残忍。

有一个事件无疑是令人震惊的，那就是肯尼迪总统遇刺。但更令人震惊的是，一些学生听到这个消息后竟然欢呼雀跃！那么这背后的原因是什么呢？难道是因为小孩都对政治感兴趣，并了解政治？事实上，孩子们的这种反应或许只能归罪于他们的父母，这些父母在谈论自己不喜欢的总统时经常会说：“如果有机会，我就杀了他！”这句话带给孩子的，显然是逐渐有了试图以暴力解决问题的意识。

世界上几乎每天都在发生无数残酷、违法和暴力的事情。要想孩子完全避免暴力场景是不可能的，但至少我们可以培养孩子控制好斗本性（攻击性）的能力。为了能过上更加稳定和文明的社会生活，我们应该教育下一代尊重法律和他人的权利与情感。

有必要声明的一点是，重要的不是恐怖和暴力是否进入了孩子的视野，而是它们所带来的影响，如果父母或其他监护人能适时地做出解释和引导，增强孩子判断是非的能力和分辨真假的能力，那么，我们就不必非得把恐怖和暴力镜头清除出孩子的视野。

关于哪些电影适合孩子的问题也没有硬性的、简单的规则，因为问题的答案依赖于孩子的发展水平和成熟程度，孩子对恐怖故事的反应，以及孩子想看电影的渴望和家庭的标准。比如，家长是想让孩子避免所有暴力还是某类暴力？认为什么时候孩子已经成熟了，能够看性描写的场面？在这些场面中哪些是可以接受的？

但核心的指导原则是为了孩子的成长健康，我们与其宽容，不如苛刻要求，因为可以这样说，让孩子看那种他还没准备好的、不安心或不适当的电影场面，比不让他看那种实际上他可以看的电影所带来的害处更大。因此，关于哪种电影适合于孩子，家长应听取一下孩子的意见，比如，他们为什么觉得自己已经完全准备好了，而且必须看某部电影。之后父母也要阐明自己的观点，如在面对性场景时告诉孩子，无论在任何年龄，没有爱情的、野蛮的性都是不好的。孩子往往不喜欢父母的说法，但父母的做法则是教给孩子以家庭的标准的一种非常直接的方式，并能更多地了解孩子的内心。